# Su olor después de la lluvia

# Cédric
# Sapin-Defour

# Su olor después
# de la lluvia

Título original: *Son odeur après la pluie*

Primera edición: mayo de 2024

*Printed in Spain* – Impreso en España

ISBN: 978-84-666-7876-6
Depósito legal: B-6013-2024

Compuesto en Llibresimes, S. L.

Liberdúplex. S. L. U.
Sant Llorenç d'Hortons (Barcelona)

BS 7 8 7 6 6

*A la Dama del Arroyo Blanco,*
*cuyos vuelos y caídas*
*edifican cada uno de mis días*

# Prólogo

No hay nada más sencillo que vivir con un perro. Cuando entra, basta con oír el ruido de sus patas sobre el parquet, aspirar el olor que, a su paso, impregna discretamente el pasillo de la casa y ver pasar los días en las bolas de pelo que va dejando por todas partes. Luego, una noche, solo oyes el silencio, todas las habitaciones huelen a ausencia y ya no hay nada, en ninguna parte, por barrer y aspirar. En ese momento, en esa noche, en esa hora exacta, es cuando sientes en lo más profundo de tu ser que tu perro ha muerto.

Siempre experimenté una alegría infantil cuando veía a mi perra beber, cuando la oía comer, devorar lo que le había cocinado. Ese momento rebosante de vida, de alegría nos brindaba una felicidad primitiva y compartida. Aquella noche lavé su escudilla, con los dedos bajo el agua ardiente, frotando no sé qué durante no sé cuánto tiempo.

Y después leí *Su olor después de la lluvia*. Entonces ese mundo tanto tiempo guardado en los armarios de la memoria empezó a resquebrajarse y, página tras página, los ruidos, los pelos, los veterinarios, las largas caminatas y los olores volvieron. Esos olores, sobre todo los que provoca la lluvia, fuertes, animales, los que más detestan las personas que no quieren a los perros. *Su olor* es un libro mágico, rico, el texto de una especie de diálogo amoroso que cuenta con gracia y elegancia la historia conmovedora, la vida, simplemente, de un hombre con su perro.

No sé lo que diría al respecto Cédric Sapin-Defour, el autor de *Su olor* —aunque lo sospecho—, pero siempre pensé que en esa relación, bien mirado, el perro era el que cuidaba de su «amo» y no al revés. Me di cuenta muy pronto, al advertir que mi perra, como muchos de sus congéneres, entendía unas trescientas palabras del lenguaje humano, mientras que a mí me resultaba casi imposible, por mucho que lo intentara, distinguir los matices primarios de sus ladridos. Baste decir que, durante años, todas las noches, a eso de las nueve, ella se sentaba en el sofá y durante varios minutos, con sus ojos fijos en los míos, se dirigía a mí, modulando vocalizaciones y timbres parecidos a los de la voz humana. Algunos me decían: «Es como si te hablara». Lo que no sabían esas personas era que me hablaba realmente. Y que, cuando estábamos solos, yo le contestaba. Cada uno preso de su lenguaje, pero tratando de mostrar al otro que hacíamos el imposible esfuerzo de llenar el vacío que separa nuestras especies. *Su olor*, a su manera, también relata la intimidad sutil, la impregnación mutua que se crea entre dos especies cuando están pendientes una de otra. En el caso del hombre, la obligación de salir de sí mismo, de olvidarse, de «despojarse» completamente para entender al otro. El libro también explica, con mucha dulzura, lo importante que es para un humano aprender a tumbarse en el suelo para sentir, con verdadero placer, cómo su perro se queda dormido apoyando la cabeza sobre él. Vivir con un animal obliga a descifrar, a reconsiderar el espacio y el tiempo. En el momento en que abres la puerta de la casa el perro ya adivina de qué humor estás e, incluso antes de que seas consciente de ello, sabe lo que tienes en la cabeza. Ha entendido que vas a llevarlo a caminar por la montaña, a nadar en el mar, a correr por la playa, y que, a lo largo de esas caminatas, de esos pasos acompasados, os uniréis para toda la vida; bastará con que estéis atentos a la sed y al cansancio del otro. En este libro el autor nos revela la bonita costumbre, muy significativa, que ha adquirido con su perro: cuando hace mucho calor le da de beber «de boca a hocico».

Este texto es un compendio de inteligencia y amor entre dos seres a los que, sin embargo, separan tantas cosas. Salvo una, que va asomando en el último cuarto del libro y que el autor resume en una sencilla frase al hablar de su bernés envejecido: «¿Cuándo entenderá que es mortal?».

Creo que un perro no tiene por qué saber esas cosas.

Y es lo que debería salvarle.

Pese a todo, el final llega. Unas páginas, al principio, ansiosas, en las entrañas de veterinarios abnegados, después desoladoras, en vísperas de los últimos días. Llegado el momento de la partida, el hombre mira al animal por última vez y ahora sabe que tendrá que «hablar a alguien que ya no le contesta». Y entonces, por supuesto, como es natural, llora.

Cuando mi perra murió la hice incinerar. Fui a buscar su cuerpo a la clínica veterinaria y viajamos en nuestro coche juntos, ella y yo, durante cincuenta kilómetros. Llegados al lugar, un hombre abrió el portón, la colocó en una carretilla y, con asombrosa delicadeza, dijo simplemente: «No se preocupe, nosotros nos encargamos». Hasta donde alcanzaba la vista caía una copiosa lluvia de primavera.

Desde hace tres años sus cenizas y su correa reposan a la derecha de mi escritorio.

De modo que aquí lo tiene. El libro que va a leer es un compendio de amor y comportamiento que tal vez le guíe hasta esa frontera inmaterial, la del país donde los perros hablan a los hombres. En él aprenderá cosas asombrosas sobre ellos y sobre usted mismo. Por mi parte, este texto también ha obrado un pequeño milagro: a lo largo de las páginas y las palabras escritas me ha permitido recuperar el maravilloso ruido de los pasos de mi perra trotando por la casa, la voz de sus conversaciones nocturnas y, sobre todo, sobre todo, *Su olor después de la lluvia.*

JEAN-PAUL DUBOIS

# PRIMERA PARTE

# 1

Ser permeable a la felicidad, o algo así.

Si no, ¿cómo puede explicarse lo inesperado?

Los encuentros destinados a embellecer nuestra vida aparecen en los días grises, es así; nada los anuncia. Navegamos en la trivialidad de un día, sombrío y aburrido, sin esperar nada más que el mañana, demasiado conscientes de las carencias del mundo y muy poco de nuestra suerte envidiable, y entonces una buena estrella dice que es nuestro turno, extraño péndulo que une el alcance de una historia con la improbabilidad de que ocurra.

Una galería de tiendas de centro comercial no es muy elegante, y la del Carrefour de Sallanches no es una excepción. Primero te abruma: un techo bajo de cuadrados grises como si el cielo no existiera y sin que tampoco lo echemos en falta. Luego te operan, luz blanca por todas partes, como un trépano, al principio te traspasa y ya no sientes nada. Al final ruido, mucho, a nuestra época no le gusta el silencio, alguien, desde ninguna parte, grita recetas de una vida maravillosa, las mismas para todos; puedes deambular, esconderte y hacer como si nada, pero acaba alcanzándote. Estos lugares sin verdadera alma y donde la mía va a oscurecerse para siempre.

El bar se llama Le Pénalty, habría podido ser Le Corner, en sus cristales de color verde lechuga, una portería; un tipo alto, moreno, de azul, medio rapado podría ser Zidane, y balones pintados con típex. Aquí puedes beber cien brebajes, apostar a las carreras, jugar a la lotería o comprar tabaco; es un tesoro de adicciones y nada te impide acumularlas. Te sirven un café torrefacto que a los franceses les parece exquisito y bolitas de cacahuete y cacao en bolsa de plástico. En la barra se habla fuerte, de geopolítica simplificada; poder explicarlo todo señalando a un solo culpable parece ser que hace la vida más llevadera.

Abro un periódico. En los lugares públicos, solo y para disimular esa soledad, te agarras a lo primero que pillas y finges que tu vida es plena. En 2003 todavía existen esos exiguos periódicos de anuncios locales con el número del departamento; aquí esa gaceta se llama 74. En los márgenes unos lectores anteriores han garabateado dibujos que solo les hablan a ellos y que han debido de relajarles. En esas pocas páginas se ensalzan las cualidades de todo, esencialmente de nada. Me evado en él, es mi ambición del día. Algunos anuncios traspasan la Alta Saboya y se aventuran más allá.

Leo sin orden ni concierto, me salto muchas líneas, desde el gallo a treinta euros hasta el burro por trescientos, me lo trago todo para ver si hay una bonita historia. Y aparece. Página 6, arriba a la izquierda, bajo una manchita de agua que emborrona las palabras, muy cerca de una Peugeot J5 segunda mano con ITV negociable y de Marc, también él antiguo en el mercado, que busca un hombre joven intrépido para retozar juntos. Página 6, decía, máquinas usadas, hombres en celo y él, ahí, pacientemente inmóvil, ajeno a todo ese barullo, ya plácido. Un perro. Ahí, entre doce hermanos más o menos parecidos salvo por el orden de llegada a esta tierra, todos nacidos el 4 de octubre de 2003, en nuestro mundo todo empieza por un nacimiento; las apariciones son otra cosa. Doce boyeros berneses, pobre madre, un verano de calor sofocante, doce, de los que seis son machos y seis son hembras, pero aquí, como en otras partes, lo masculino prevalece. Doce de una sentada, lo que se llama una camada, que también significa cuadrilla de ladrones. Pido otro café. En el bar una señora de rosa sostiene en el antebrazo una especie de pequinés y me pregunto si este sabrá andar.

Para escapar del ruido salgo del bar hacia el paseo central, solo cambia el rumor. Enfrente, un cartel lleno de arena blanca, de un azul insólito, con la típica joven que corre enseñando todos sus dientes, tiene un mensaje: «No sueñes tu vida, vive tus sueños», todo se paga a crédito. Sin querer queriendo marco el número que hay al final del anuncio. Una llamada, un arrebato, algo que tira y a la vez empuja, y retiene un poco. Creemos en los actos irreflexivos, pero la verdad es que van madurando poco a poco durante años, te conocen tan bien que en cuanto les das la oportunidad aparecen disfrazados de impulso inmediato o de verdad llegada de no se sabe dónde.

La señora Château, que así se llama, contesta con la rapidez de quienes saben a qué se debe la llamada. Me dice que todos los cachorros están disponibles, excepto uno, pero que sin duda no tardarán en marcharse. Lo cual me irrita un poco, me carga esa exigencia incesante de velocidad, no la quiero, ahora no, cuando hay un plan que necesita ser saboreado. Salvo que esa cosita es la mía y hará lo que le dé la gana y dictará todas las prisas que quiera. Le contesto que si tienen un mes y apenas andan son algo jóvenes para marcharse tan pronto, un chiste malo propio de quienes se manejan mal en sociedad y se defienden de la realidad amparándose, eso creen, en el humor oportuno. Ella responde con una muda indiferencia que confirma, si hiciera falta, mi salida de tono. Pero creo que la entiendo: representa su papel a las mil maravillas, le ha llegado el momento de cobrarse las noches en vela junto a una hembra gestante, con el número del veterinario de guardia en la cabeza, de memoria; le ha llegado el día de capitalizar los tiernos sentimientos que el hombre siente por el perro. No hay que avergonzarse de comerciar con el amor; en realidad es fácil, porque no tiene precio. Le digo que seguramente me pasaré el fin de semana para echar un vistazo, si le viene bien. Qué palabra tan tramposa, «seguramente», nos gustaría que susurrase «quizá», pero no hace más que gritar lo evidente. «Para echar un vistazo» también no se dice así como así, es como el golpe seco de una sentencia en las mesas de póquer cuando le reclamamos al destino que, si no le importa, se ponga de nuestro lado.

Al colgar vuelvo a mi mesita coja de falso mármol gris, ahí querríamos ver a Sartre y a Platini conversando. Un vértigo me está esperando, de esos que provocan a las mil maravillas las evidencias contrarias del impulso y del freno. Sé lo que significa ir allí, a la zona de Mâcon. No es ir de visita. Ni atesorar un elemento suplementario de reflexión. Ni postergar. Es provocar. Es poner a dos seres vivos frente a frente y juntar sus historias durante miles de días. A los amores en ciernes no se les miente. Si mi furgoneta blanca se encamina a ese lugar no será para ver qué pasa, sino para tropezarse con una realidad ya bien provista de sus alegrías y sus carencias. Y seré el único responsable, pues ella o él, que yo sepa, no me han pedido nada.

Ya «tuve» un perro. Iko, una maravilla de compañero, un labrador de cuerpo canelo y orejas oscuras, al que sus propietarios anteriores (es la idea que tienen algunos de su vínculo con ese objeto ambulante, también está «amo», pero ¿qué decir?) habían bautizado Marfil, para luego abandonarle cobardemente, pues su juguete a imagen de su nombre no era más que una posesión preciada, arrebatada, exhibida y de la que uno se acaba cansando. Una mañana de abril entré en la perrera de Brignais y vacié una jaula; otras cien estaban llenas. Era tan poco marfil que no respondía a ese dulce nombre de los caprichos. Iko casaba mejor con nuestra afición a las tribus. Fue el comienzo de una historia luminosa en cuyo final no se me ocurría pensar, alegría constante, en el agua, en la nieve, en los bosques, al amor de la lumbre, cerca de la vida y al margen del mundo, una fascinación equilibrada pero efímera; un día, sin que él se quejara, la mandíbula se le llenó de sangre. Cogí el coche de mis padres, el grande, el fiable, y fui a la escuela veterinaria de Maisons-Alfort, el único sitio donde podían hacer un escáner, esa prueba indispensable o indecente, según la importancia que uno le otorgue a los animales respecto a su utilidad en el mundo. El veterinario me dijo que solo le quedaban unos meses de vida: los perros imitan a los hombres hasta en el cáncer. Lo que siguió le dio deplorablemente la razón; es lo malo de los veterinarios, que no suelen equivocarse. A la vuelta la tristeza se apoderó de mí; lloré cuatro horas seguidas en la A6 hasta que se me secó el cuerpo. Hay que llorar, me decía mi abuela, las lágrimas de dentro hacen aún más daño y pudren los huesos. Iko dormía en el asiento trasero y yo me convencía de que él no había entendido nada, de que los perros no tienen conciencia de su finitud; en cuanto a los animales, tan pronto juramos que son clarividentes como que son ignorantes, según lo que nos resulte más consolador. Una mañana, después de mil aplazamientos egoístas, el amor se impuso al apego. Hubo que descolgar el teléfono para concertar una cita que segaría una vida, acudir a nuestro veterinario, el suyo, el mío, y regresar solo, despojado, con un collar y un manojo de pelos como únicos talismanes. Con unos pocos centilitros en una jeringa el después se apaga y ya no vuelve nada. Creo que Iko se lo pasaba bien en nuestra tierra, teníamos un sinfín de planes, pero ambos lo sabíamos: nunca es preferible esperar.

Desde entonces, su ausencia escolta cada uno de mis días y no me parece del todo normal que la vida continúe. De modo que lo sé. De qué asunto afectivo se trata. Ya he llorado con una medalla en la palma de la mano. Hacerte cargo de un perro es acoger un amor inmarcesible, no te separas nunca, la vida se encarga de ello, un amor que no admite una rebaja ni un final. Hacerte cargo de un perro es cuidar de un ser pasajero, comprometerte para una vida amplia, sin duda alegre, irremediablemente triste, para nada austera. El desenlace de esta unión no es ningún misterio, ya cedas al rechazo o te propongas enfrentarlo, en ambos casos la tristeza ronda, hace daño, y es una extraña danza, un balanceo diario para que prevalezca la alegría, relegando y sofocando esa evidencia. La biología, ciencia de la vida, eso dicen, es poco dada a los idilios cruzados. Si tu amor de padre se ejerce sobre un niño de tu especie, el paso del tiempo hace que te sobreviva y no tendrás que amargarte la vida cuando la suya se acabe. Cuando tu amor se proyecta sobre un ser vivo de otra clase con una vida de duración menor, en toda implacable lógica llegará la fecha en que el recién nacido alcanzará tu edad, la sobrepasará y morirá. Es absolutamente ilógico, la paradoja última, y no de las más agradables: la muerte de un perro es antinatural. Es decir, que esa felicidad tiene sus fechas de caducidad y, por mucho que te empeñes en dedicar todos los días a ralentizar su vida o acelerar la tuya, es así, pues con la cronobiología no se negocia, los perros se marchitan. Los amantes del loro gris lo han entendido y se secan menos la córnea. Hilvanar tu vida con la presencia de un perro es entender que la felicidad moldea la tristeza, es comprobar que la carencia se disuelve mal en los recuerdos, por abundantes y felices que estos sean, es aceptar que cada volátil minuto debe disfrutarse con una intensidad siete veces mayor de la habitual, es enfrentarse a ese proyecto seductor y vertiginoso de no sabotear ningún instante y celebrar la vida de un modo desaforado. Debido a esta realidad y a los arrestos que hay que tener para aceptarla, quienes adoptan lealmente un perro despiertan en mí una admiración inmediata y definitiva.

Al salir del Pénalty con esta idea en mente pienso que ha llegado la hora de reintroducir en mi vida un poco de esta audacia de amar. Vuelvo al bar un momento para comprar uno de esos rasca y gana; en vista de que mi horóscopo resulta poco alentador, es lo único que se me ocurre para orientar definitivamente este día en un sentido favorable.

Fuera del centro comercial hace buen tiempo; quién lo diría.

Vuelvo a llamar a la señora Château, que contesta con la misma presteza. Resumiendo, me pasaré hoy sábado; a fin de cuentas ella también tiene derecho al descanso dominical, como todo el mundo. Antes de arrancar mi furgoneta, entre cuyas planchas metálicas cabe de sobra un perro grande, observo las montañas. Desde el aparcamiento la cordillera del Mont Blanc resplandece, la de los Fiz intimida, ambas invitan a la audacia. Dejo que mis ideas divaguen, pero temo que se ordenen, así que les sugiero que se vayan hacia el reino de los sueños.

Luego me repongo y recurro a todas las triquiñuelas intelectuales para quebrar el designio indiscutible de este trayecto; es una pelea muy desigual. Escarbo en la razón, a la que suelo temer. Me digo que el sábado es un día muy malo para tomar decisiones importantes que pueden condicionar la vida posterior. Es un día de vulnerabilidad económica y simbólica. A poco que la semana haya sido enojosa, reclamas tu ración de ligereza, tu suplemento de relajo, a menudo más del necesario hasta caer en la extravagancia. Incluso me aventuro en las problemáticas «identitarias»; desde 2002, con Le Pen en la segunda vuelta, se han puesto de moda las consideraciones acerca de seres nativamente superiores a otros y de fronteras estancas, los extremismos de toda laya han logrado imponernos unas temáticas bajo cuyo prisma hay que interpretar el mundo, y me temo que los franceses tienen ganas de intentarlo. Un boyero bernés de Mâcon, ¡menudo desatino! Yo, que he mamado la mitología alpina desde pequeñito, san bernardos, Rébuffat[1] y las inalcanzables *edelweiss*, ¡ir a ver al emblemático perro de Berna en las suaves lomas

1. Gaston Rébuffat, famoso alpinista del siglo pasado *(N. del T.)*.

de Saône-et-Loire! Es como un sueño de saldo que deshonra tu estirpe; el espléndido Zermatt habría sido más digno. Y, cuando el péndulo oscila, me convenzo de lo contrario. El que provenga de un lugar distante como la Suiza alemana no empañará la vida extravagante que podría deparar este perro. Dadas la cotización del franco suizo y mi afición por las confluencias, acabo rindiéndome a los encantos de Borgoña. Qué maleable es la vida.

Echo un vistazo al mapa. Confrançon. A40. D1079.

Está menos lejos de lo que parecía. Y, quién sabe, a mi alcance.

# 2

Doscientos kilómetros, en un suspiro llego a Confrançon, uno de esos rincones de Francia que poco les importa la diagonal del vacío,[2] esos pueblos encantadores cuando pasas por ellos, pero desoladores si tuvieras que poner allí tu nombre en el buzón. Pasado el pueblo, se llega a la casa de la señora Château por una pequeña y sinuosa carretera sin otra razón que dibujar bonitos campos de nosequé amarillo dorado; en una de las curvas solitarias, debajo de un roble, un Citroën Dyane espera.

En la carretera me sentía como un aficionado a los buenos libros o a los grandes caldos empujando la puerta

2. Franja de baja densidad de población que recorre Francia en diagonal *(N. del T.)*.

del librero, del bodeguero, jurándose que saldrá de allí con las manos vacías, convencido de que una simple visita a esos bazares llenos de promesas le bastará para quedarse satisfecho, aunque en realidad nunca lo consiga. Es lo que tiene mentirte a ti mismo, que puedes perdonarte amablemente, de manera que finges creer en los posibles arrepentimientos.

Según la respuesta deseada habría sabido a quién llamar, pero no llamé a nadie para hablar de esta ida y vuelta con un motivo tan evidente, porque las réplicas escépticas me producen tanta aprensión como, peor aún, las aprobaciones corteses. Me gustaba que nadie conociera este principio de historia, ya habría tiempo para que muchos la juzgasen, y, aunque los inconvenientes para que esta nueva situación llegara a ser feliz eran muchos, no tener que sondear las opiniones de mis allegados, no tener que someter nada a sus penas y alegrías es una gran ventaja de la soltería. Me imagino como un Tintín que por única compañía tuviera un angelote y un diablillo discutiendo furiosamente sobre la definición de una vida merecedora de ser vivida; en mis recuerdos siempre prevalecía el optimismo. Ocurre así con los momentos fuertes de la existencia que evocan geografías de la infancia, nostalgia de un tiempo en que se podía creer en los sueños, irrevocables, insensibles a las advertencias de los profetas de pacotilla, de los agoreros, de aquellos a los que llamábamos «viejos». Solo después, escarmentados por la vida, pensamos ante todo en los inconvenientes.

Me detuve varias veces en la carretera. Iba devorando kilómetros sin verlos mientras fantaseaba saboreando de antemano el encuentro. Solo el temor de equivocar el camino me devolvía a la realidad. Lo que me espera es una cita amorosa, un salto al vacío, porque el otro corazón de la historia no está preparado para eso y quizá no quiera estarlo.

Para cualquier peripecia de la vida, sopesar todos los pros y los contras es una sana costumbre muy recomendable. Es bueno para el corazón. En el mundo de los hombres mimados, entre los que me cuento, hay dos bandos: el de los que cultivan incansablemente su condición de seres vivos, temen atrofiarse y desarrollan un ardor especial para los días difíciles y, en el otro extremo, los que se conforman con que no les pase nada, absolutamente nada que se salga de lo acostumbrado, acumulando días idénticos, inevitables, que solo le reclaman a la vida que sea visible y que no moleste, por favor. Yo siempre procuro no parecerme a los segundos, y eso cansa. ¿Debo por ello enarbolar a ese cachorro como quien proclama una urgente necesidad de vivir? Eso sería caer en la peor de las alienaciones, la carga de ser libre. Sería pretender que solo mis deseos decidan la suerte de otros seres vivos. Sería amarlo menos que a mí mismo. Si, para muchos, la adopción de un animal es una duda meramente cosmética, como la de quien escoge el color de una chaqueta, esta perspectiva que me pone tan a prueba me provoca vértigo y es agradable.

La casa es una granja grande con forma de L, el trazo pequeño de esa L remozado y coqueto, cubierto de tejas Giverny, el grande en su estado original, con techo de chapas negras y algunas rojas, lleno de recuerdos y deseos desordenados. En las paredes del pequeño las piedras han reaparecido, en el grande el adobe resiste: los hijos quieren cambiar la casa de sus padres y los nietos recuperarla.

No cabe duda, aquí hay perros por todas partes. El que pretenda entrar, aunque no le hagan mucha gracia, tampoco debe temerlos. La señora Château tiene buenos porteros que la protegen. Para entrar en la finca se pasa entre dos pilares de piedra con cabeza de león sin ninguna verja; quizá la tuvo en el pasado. Alrededor de los pilares tampoco hay cercas, aquí se vive al aire libre, pero con ínfulas de hacendado.

¡Sí, perros por todas partes! Unos pequeños, otros enormes, unos alocados, otros parsimoniosos, unos silenciosos, otros ladradores, unos acogedores, otros escépticos, algunos en corrales, la mayoría sueltos, ninguno con correas, ni cortas ni largas, todos ellos en medio de una bonita marabunta. Los perros que han nacido aquí tienen suerte, se perciben el movimiento, la mezcla y las reglas flexibles; acostumbrarse desde pequeño a la libertad es algo que no tiene precio. Me detengo más o menos en medio del patio, por miedo a atropellar a alguno de los recepcionistas; al apagar el motor me propongo no idealizar automáticamente todo lo que, en los próximos minutos, me saldrá al encuentro. Luego cambio de parecer: resistirse al encanto de un lugar es una tontería, y esas llamadas a la cordura, un rechazo indigno de la vida. Varios cachorros saltan sobre la portezuela; me había olvidado de lo poco que les importan los buenos modales.

En cuanto me bajo de la furgoneta, me asalta una jauría variopinta que compite por decorar con su huella mi pantalón claro, una elección de lo más apropiada. Todos acuden; los perros tienen el don de recordarte que estás vivo. Los examino uno a uno, me pregunto quién es familia de quién, cuál es un poco jefe o decano, cuál es reservado o está siempre malhumorado; trato de no olvidarme de ninguno. Unos ladran, otros les imitan, les sorprende que no les tenga miedo. La señora Château, alertada por la coral, sale de la casa, trayendo consigo un olor a canela. Pone fin inmediatamente a las efusiones del recibimiento; obedecen sin chistar, cada cual vuelve a su inactividad salvo uno, una especie de chow chow caramelo de ojos rasgados que ha salido junto al olor a canela y que se queda a sus pies, retozón, seguramente el único que es suyo. La señora Château es exactamente como me la imaginaba por su voz; es raro, pues por lo general mis capacidades de adivinación fracasan de forma estrepitosa. Una mujer morena, cuarentona, enérgica, con ciertos refinamientos de vendedora que disimulan un poco un atavismo rural, de jarras, con la cabeza alta. Su mirada al frente es la de esos caracteres que no necesitan hacerse los duros. Me estrecha la mano con firmeza, detalle importante; había pensado plantarle un par de besos. Desconfío de quienes no aparentan lo que son, algo que se descubre pronto, y esta mujer no es de esas. Desprende una amabilidad sin ingenuidad, una dulzura sin apatía, una elegancia desprovista de narcisismo, y eso es importante, porque es el primer ser humano que han conocido los cachorros y me gusta creer en las impresiones definitivas. Intercambiamos los cumplidos de rigor, ella sobre mi capacidad para encontrar fácilmente el sitio y el tiempo empleado en llegar, yo sobre que está usted muy tranquila aquí y no quiero entretenerla mucho tiempo, pero me parece que no le gustan los rodeos, de modo que trato de evitarlos.

—¡Vamos a ver esos perretes!

No sé si es motivo de satisfacción que una frase infantil te levante el ánimo igual que un par de versos de Rimbaud, pero a mí me pasa, el corazón es tan generoso que acoge todas las «fatalidades de dicha».[3] Contesto «con mucho gusto» o alguna expresión manida por el estilo.

Bordeamos un ala de la casa. Ahora está lloviznando. En el fondo del campo colindante se dibuja un espectro de colores, señal favorable de que las bellezas se han dado cita aquí, pero es mejor no decirlo mucho. Ya sabemos que, cuando intentamos atraparlo, el arcoíris se aleja, se difumina y desaparece.

Cruzamos varios espacios, cubículos, zonas informales pero que parecen los territorios de sus ocupantes. Hay muy pocas rejas, no tanto para separar como para proteger, como barrios de una improbable ciudad con vecindarios bien avenidos. Hay un fuerte olor a pelo, veo aquí y allá algunas cacas, pero nada parecido a la inmundicia en la que algunos dejan languidecer a sus perros. Hay terriers, caniches, border collies, retrievers, otros cuya raza desconozco, un mosaico canino de tamaños, figuras, pelajes y almas distintos; las estrictas cuestiones de la identidad no parecen estar a la orden del día. Solo tienen en común el ser *canis lupus familiaris*, descendientes del mismo y único lobo gris. El tiempo ha hecho su obra de fantasías morfológicas y orientaciones de conducta, ha concebido unos pequeños para que exploren galerías, otros resistentes para perseguir la caza, otros palmeados

3. Alusión a «Alquimia del verbo», de las *Iluminaciones*. *(N. del T.)*.

para salvar a los ahogados, otros mansos para guiar a los ciegos y otros sin más cualidad que formar parte del mundo, esos inútiles imprescindibles. Parece que todas las etnias conviven alegremente. ¿Por qué los hombres, que venimos todos del mismo simio, hemos salido tan confusamente monomórficos que percibimos en el más mínimo matiz de melanina una distinción radical y odiosa a más no poder? A ojos de la taxonomía no hemos heredado la casilla más indulgente. ¡Qué agradable debe de ser vivir rodeado de mil singularidades visibles! Entonces iríamos en busca de algo más grande, llamado humanidad, nuestra estrella o cualquier otro de esos todos que unen. Y en cambio, como nos parecemos demasiado, preferimos aferrarnos a aquello que nos diferencia.

A nuestro paso los perros se alborotan, ladran y se acercan. Me miran con sus ojos limpios y parecen suplicar. ¿Que me los lleve conmigo o que no les aparte de las alegrías del clan? ¿Quién sabe contestar a esta pregunta?


Hay que recorrer unos metros más para ver a los boyeros. Están detrás de la casa, es lo mismo que con los traficantes, las drogas duras se venden en lugares apartados. La señora Château me dice que los ha puesto aquí porque pueden ver la cocina y a sus ocupantes, ya que esta raza detesta el aislamiento, necesitan ver hombres, sean los que sean, y verlos reunidos, herencia de una época pastoral en que se encargaban de tareas que no eran consolar nuestra soledad. Mientras nos acercamos me recuerda que hay seis machos y seis hembras, una camada grande, todos con buena salud, vacunados y desparasitados. Me alegro de lo adelantadas que están las mentalidades bernesas en materia de paridad y prevención de pandemias, pero me alarma pensar que algún día, por eso de la trazabilidad, nosotros también estemos todos numerados. Mi anfitriona asiente educadamente con la sonrisa de los días de venta. Puede que el humor sea un baluarte, pero entregarnos a él solos nos deja un poco indefensos.

Veo una hembra de mirada cansada, pero alerta. Luego sabré que es la madre. Descansa, es su cuarto de hora sin ventosas. Me viene a la mente la imagen de esas perras que vagan por docenas en los Balcanes, con las mamas tumefactas, una preñez por año, camadas en número inverso a su vigor, y esas vidas, siempre esas vidas, destinadas a prolongar el vagabundeo. El padre seguramente será uno de esos mastines que andan por ahí ladrando fuerte, falsamente indiferente a los asuntos familiares.

Por fin llegamos al rincón de los cachorros. Es un lugar bonito, la llanura hasta donde alcanza la vista, el levante por ofrenda, resguardado del cierzo y a ras del silencio. Está bien llegar a la vida en este lugar imponente, los horizontes son profundos y el aire es limpio. Tienen un mes y cuatro días, mañana serán cinco. Nacidos ciegos y sordos como todos los cachorros que se encomiendan a la protección parental, en sus primeros días no han hecho más que dormir y comer, un ideal de ocio. Y seguramente amar. Desde hace apenas una semana, me explica la mujer, se despiertan y, en sus escasos momentos de vigilia, se interesan por el universo que hay más allá del vientre dilatado de su madre. Hay tantas cosas por descubrir, y su pequeño corral es para ellos el infinito. Cuando duermen lo hacen boca abajo, al calor de sus hermanos; el frío es su primer enemigo. Más tarde se vengarán al no tener que vestirse nunca.

Oigo gañir, bostezar, chillar y gemir detrás de la puerta de un viejo barracón de madera. Hay una especie de enjambre. Intento reafirmarme en mi convicción de hace unas horas, la de no llevarme ningún perro, pero las convicciones son como los vilanos del diente de león: forman un todo coherente y, al primer soplo de perspectivas alegres, salen volando. La señora Château me dice que de vez en cuando separa a los cachorros de su madre para que esta se recupere, ya que el amor ansioso de su camada le deja poco tiempo libre. Mientras tanto pienso en el trabajo de esta mujer, a la que sería fácil ver como una tratante de ganado ávida de ganancias: dormir con un sueño de navegante solitario, levantarse al oír el menor gemido, alimentar a su tropa, cuidarla, pasearla, limpiar sus corrales y otras tareas invisibles para mi condición de visitante. Y, luego, verlos partir. Se inclina hacia la puerta, abre el pestillo de madera que la mantiene cerrada y les dice a sus «niños» que tienen visita. Dos madres, dos separaciones. Tengo el estómago encogido, el corazón me golpea las costillas, van a mostrarme por fin a aquel que, desde esta mañana y el origen del mundo, ocupa mis pensamientos. Si creyera que la sensibilidad es la mayor de las fuerzas, entonces, en este momento, yo sería el Todopoderoso del universo.


La puerta se abre, ha llegado el momento del encuentro. No se repetirá.

Este siglo tiene apenas tres años y ya se está escribiendo su historia. Un puñado de segundos que se recitarán de memoria cuando se hayan desvanecido todos los recuerdos de la víspera.

Un revoltijo de peluches comienza a desfilar desordenadamente; no se sabe a qué cuerpecito le corresponde tal cabecita o tal gruñido; es un todo lo que tenemos delante. Chirrían, ruedan, caen y chocan, cada cual sigue a otro que hace lo mismo con el anterior; parece que les baste con estar en continuo movimiento, pero estar juntos es vital. ¿Qué corazón de piedra podría separar a esta cohorte? En mi familia somos profesores de educación física, o de gimnasia, como se suele decir, lo que ha desarrollado la habilidad de contar con rapidez y precisión a los participantes en un movimiento colectivo y detectar a los que están ausentes. Observo la tropa turbulenta y cuento once jugadores, uno de ellos con collar rosa, distraído y ya reservado. Vuelvo a contar, once otra vez. El revoltijo se inmoviliza a los pies de nuestros cuatro zapatos como colinas. Once. ¿No había doce?

Para los amantes de los perros, jurar que es el perro quien te elige y no al revés resulta muy halagador. Así se piensa reintroducir en una vida ordenada una animalidad gloriosa, se crea la ilusión de unas afinidades salvajes, el hombre que evita el barro y desearía estar aún entre los lobos. Esta creencia es una tontería.

En este preciso momento hay un perro que me ha elegido.

«Número doce» entra en mi vida. Con esa soltura graciosa de los seres esperados.

# 3

La etología canina es la ciencia de los aguafiestas.

Cuando lo que pretendemos es consultar esa parte poética del mundo animal, nos brinda alelos y sinapsis astutos, cartesianos, qué tristeza, todo se explica y se diseca. Con el paso de los siglos la cara del perro se ha transformado, alejándose del hocico original del lobo solitario. Han aparecido pequeños músculos alrededor de los ojos, una mutación genética que levanta los párpados, ampliando la mirada y dotando al perro actual de esa expresividad melindrosa de postal que engatusa al hombre de corazón tierno. De modo que decir con la mirada «te quiero» no sería más que puro oportunismo del chucho para alimentarse, una sutil estrategia de quien conoce los puntos flacos de su vecino bípedo. ¿No es escalofriante esta versión académica? Tiene que ser otra cosa. Sin duda.

Un minuto después del embotellamiento de los once, aparece, él, el perro. Como surgido de los abismos, ciego y luminoso. Solo, separado de los demás y sin la menor prisa por verme. Una aparición, sí, me atrevo a decirlo así, sin más ídolos que creer en los encuentros. Con su mirada de principiante él podría fijarse en cien maravillas que le rodean: una hoja que revolotea, uno cualquiera de sus hermanos o esa señora de olor familiar; pero es a mí a quien mira fijamente, como si yo fuera la única opacidad de este mundo. Nos miramos, imantados, sin pestañear, y este juego infantil en el que el primero que baja los ojos pierde, pretexto para tantos idilios en ciernes, comienza solo para terminar en el preciso instante en que uno de los dos los cierre para siempre. Este perro no apartará nunca de mí su mirada atenta y yo sé que, a través de estas ventanas al alma, más allá de verme, él observaba y lo sabía todo de mí, hasta lo que yo trataba de hacer invisible.

¿Esos segundos transcurren así porque lo hemos deseado tan ardientemente que hemos alterado la realidad? ¿Es esta realidad suficiente o una reconstrucción benévola de nuestra imaginación? Preguntas que atormentan a los hombres, tan poco convencidos de su capacidad de cambiar el destino. Poco importan el huevo, la gallina y las farsas del hipocampo: es así, él me miró, yo le miré, nos dijimos «eres tú» y la tierra cambió de eje, los misterios de una vida más amplia que nosotros mismos, eso es todo.

Luego, de repente, acelera, lo que en su definición de una cinética apresurada significa una marcha liberada de sus ensoñaciones habituales; no presta ninguna atención a sus once hermanos y hermanas, los pisotea sin contemplaciones, una pata sobre un ojo, la otra sobre otro ojo, y posa las dos anteriores, diminutas, en mi pantalón jaspeado: quería trepar pierna arriba. Siempre mirándonos a los ojos. Para esa bolita de pelo, es como mirar el cielo. Para mí, el gigante, es como si me implorasen, y esas solemnidades no se me dan muy bien.

En esos segundos de intensidad, para quien teme que los diques cedan, el desparpajo es un refugio; busca en el aire algo gracioso, lo maneja con más o menos destreza y cree que así ha logrado salir dignamente del paso. Pocas personas tienen el valor de exponer sus grietas; un día, como practicantes convencidos del kintsugi, sabremos remarcar con oro nuestras fisuras y exponerlas a plena luz. Yo tengo esa inseguridad, así que acudo a la ligereza como último recurso, me seco los ojos, dichoso viento, y suelto mi típica broma sobre la puntualidad de los suizos, brillantemente desmentida por ese duodécimo peluche que se toma su tiempo para enderezar su vida. Un chiste acerca de la parsimonia suiza pronunciado con un acento lamentable.

—Ella... ¡no me lo puedo creer!

Porque, sí, ablandado por mis chistes malos, he cedido

al reflejo de género. Es una hembra, estoy seguro. ¿Quién, si no, puede combinar con tanta naturalidad la indiferencia y la seducción, trampa de las grandes segregaciones en las que solemos caer de tan buena gana? Después de levantarla, la señora Château me dice que no, que es un chico, uno de verdad, sonríe, con todo lo que hace falta a la vista. En un flash de la memoria, me encuentro de pie en la estrecha salita de la enfermera escolar que se pasaba la primera semana de octubre bajando los calzoncillos Petit Bateau de todos los de quinto del colegio Lumière d'Oyonnax para asegurarse de que nuestras gónadas habían optado por bajar. El que quedaba citado para marzo era el hazmerreír de los otros machitos y pasaba un invierno insoportable. Antes de entrar, habiendo aprendido las leyes de la gravedad unos días antes, yo me zarandeaba vigorosamente, y cada vez que me cruzaba con su marido me ponía colorado. No hay nada, alegre o embarazoso, que te haga evocar una fecha con tanta precisión como la nostalgia, y suele ocurrir que se presente sin anunciarse en el momento más inesperado.

Así que es un chico. Tontamente, me siento aún más protegido. No tenía preferencia y en realidad no había pensado en ello. Solo quería, rosa o azul, muy cerca, una vida que animase la mía, en el sentido de dotarla de un alma.

Pido autorización para cogerlo, esa cosa no es mía, me arrodillo y lo tomo en mis brazos como debe hacerse con un recién nacido. En las etapas de la domesticación del perro se dice que el deseo de hijos sustitutos, unido al comensalismo y a la necesidad de protegerse del frío, fue uno de los motivos del acercamiento entre los humanos y los perros, así que adelante con la paternidad de conveniencia. No hace falta sujetarle la cabeza, todo él cabe en cinco dedos que tiemblan un poco. No patalea ni parece temer una mano que podría aplastarlo. Audaz, sin duda. O cuerdo. Está ahí, tan tranquilo, sin esforzarse por seducir, entornando sus ojos vidriosos; parece una rata salvo por los dientes, salvo por el rabo, salvo por el repelús. Nos saludamos entre machos tan seguros de su virilidad para abandonarse sin miedo a las tiernas carantoñas, yo pongo esa vocecita que se utiliza mecánicamente con las cosas pequeñas. Me parece sentir su corazón latiendo fuerte; si ese pequeñuelo supiera lo que ha conquistado ya... Los etólogos seguramente ya han escrito un capítulo sobre los ardides del miocardio (pero, al fin y al cabo, si las conclusiones de esta ciencia son que los seres vivos, día tras día de la Historia con mayúscula, se transforman para vivir mejor juntos, entonces les concedo a estos optimistas el más encantador de los créditos). La señora Château, que parece aficionada a las cifras, me susurra que el corazón de un cachorro puede latir hasta doscientas veces por minuto. «Caray», contesto.

Luego llega el momento del rompecabezas. Hay miles de piezas esparcidas por un gran tablero de madera, ordenadas, colocadas con precisión en un todo coherente casi definitivo. Estamos seguros de lo que hacemos, todo parece encajar y combinarse lógicamente. Todavía no las hemos pegado con cola, pero está todo en orden, nos limitamos a pasar, saludar a la vida naciente de un perro entre millones y volver a nuestros días confortables. Y entonces alguien que se nos parece se levanta, avanza con paso decidido y tropieza con la esquina del tablero, no tan firme como parecía, los caballetes cojos ceden y la preciosa marquetería se desmorona. Todo vuelve a estar en desorden, para reconstruirlo habría que dedicarle mucho tiempo y uno se deja llevar por la idea de que no vale la pena. ¿Quién, salvo un insensible, podría en ese instante dar marcha atrás, tocar con los dedos el pelaje de las intensas promesas, dejarlo donde está y luego volver la espalda al amable futuro? Nadie, salvo que no entienda nada de las conexiones del corazón. Entonces el convertidor se pone en marcha y, en unos pocos segundos, horas y días de firme resolución de no ceder se convierten en la certidumbre de lo contrario. En realidad, si nos empeñamos en convencernos de algo es porque no nos creemos del todo.

Lo dejo otra vez en el suelo con la precaución de un joyero, me vuelvo hacia la señora Château, que no dice nada, por miedo a interrumpir el momento, y le pregunto cuándo. Cuándo puedo venir. A llevármelo. Pregunta sencilla, ¿para qué andarse con rodeos? Sé que es la decisión correcta, porque no ha habido que decidir nada y las salvas de cordura se han estrellado una tras otra contra esa muralla llamada lo evidente.

«Dentro de un mes», me dice. Un suspiro, una eternidad, esa manera que tiene el tiempo de no ir nunca a la velocidad adecuada. Sin preguntarme si estoy totalmente seguro de mi decisión, se saca del bolsillo un collar azul y rodea su cuello minúsculo. La sociedad canina no se libra de esta clase de determinación. Observo que este cachorro es el que tiene la banda blanca de la frente más fina, por si acaso me lo cambian, pero sé que incluso sin esta precaución nos reconoceríamos entre multitudes. La señora Château me propone hacerle una foto; eso me tranquiliza y me alegra, la foto será esa ecografía que esgrimen los padres embobados y convencidos de que al mundo entero le interesa. De su Polaroid sale la foto de un cachorro sublime y de un hombre con cara de atontado; durante toda nuestra vida él será el más fotogénico y solo me dejará los honores del segundo plano. Nos dirigimos a la terraza de la casa, y yo busco un pretexto para regresar a los oídos inmaduros de ese ser sin nombre, desconocido hace diez minutos y que tal vez me ha olvidado ya; la señora Château, la dulce, finge indiferencia.

Otra vez solos. Le cuchicheo que voy a volver, que no debe preocuparse, que se esconda de los otros compradores, que disfrute mucho de sus hermanos y hermanas, que yo siempre estaré a su disposición y que la felicidad se decide. También le doy las gracias por haber escogido este planeta y este siglo. A esa edad los cachorros son sordos, pero el corazón tiene su propio lenguaje ultrasónico.

En este momento de la mía sé que otra vida va a reunirse conmigo, que va a acorazar y arriesgar mis días. Ese cánido apestoso y estúpido que no aporta nada al mundo, al que otros desprecian y apalean, solo esperará a que estemos a su lado para entrelazar nuestras fortunas y tener la vida a raya. Su amor será sin condiciones. Le traerán sin cuidado muchas cosas, mi rango, mis riquezas, mis virtudes y mis defectos. Me ayudará a distinguir lo importante y juntos reduciremos esta vida al lujo de lo esencial. Estará ahí asalvajando mis días y ni él ni yo estaremos nunca solos. Puede que baste con eso para ser feliz. En lo bueno y en lo malo, las lágrimas y las risas, los honores y los ultrajes, viajará en su constancia y en las ondulaciones de mi existencia sin ceder nunca a nuestra historia un ápice de su lealtad, sin juzgarme, dispuesto a entregar la suya si hiciera falta. Me potenciará. Este vínculo es cualquier cosa menos trivial. Sé que esta vida en común tendrá sus alegrías y sus penas, pero es así, los caminos que llevan a la felicidad están empedrados de angustias, los trayectos directos no existen o no conducen a la felicidad.

Al entrar en la cocina echo un último vistazo al espacio de los cachorros, diez metros más allá. Nadie se creerá que él seguía mirándome.

En una silla, un delantal de cocina. En la mesa, un mantel con praderas y molinos. En el aire, el sonoro tictac de un reloj de segundos importantes. La señora Château me ofrece un café de granja, de esas cafeteras permanentemente llenas, siempre en la lumbre, y esas tazas enormes que se beben a sorbos. En cuanto a la tarta de manzana, le contesto que sí a un trocito y me sirve una mitad entera; aquí los hombres son corpulentos, solo se pesa a los terneros. Rellenamos unos papeles, yo escribo lo que me dicta, en este instante podría incluso firmar un reconocimiento de deuda. Me entero de que la madre se llama Themis, y el padre, Salto, mezcla de justicia y acrobacia, improbable ascendencia. Le pregunto a mi anfitriona por qué a las chicas les ponen siempre nombres de buena alumna y a los chicos los atributos de la travesura. Es cultural, contesta, y si se quiere combatir eso hay que aceptar la latencia y la invisibilidad de los efectos de nuestra lucha, dicho desde un tazón de conejo azul.

Tengo que pagar una pequeña señal, a cada cual lo

suyo; para la señora Château es su seguro de fidelidad. En su convertidor, tres letras equivalen a tres cifras. Novecientos euros. Nada o mucho, según se mire. El anuncio lo especificaba, es lo que determina el LOF,[4] no voy a hacerme el sorprendido. Tendré que confirmarlo más adelante, pero lo acepto. Como todas las noblezas estampilladas, el pedigrí no me importa y sé que nunca impondré a un animal nuestra manía por las comuniones y las insignias.

El que la idea de pureza predomine sobre la de mestizaje me asquea, pero me da lo mismo y pago. No me importa gastar todo mi dinero; por una vez y sin que sirva de precedente alinearemos el valor de la cosa con el precio. Habría podido volver a la perrera y matar dos pájaros de un tiro. Bastaba con que me plantara allí y dejara que un perro me eligiera. Pero así son las cosas, ese anuncio me engulló. Si pudiera lo pagaría todo a tocateja, para que este perro entrara plenamente en mi vida.

—¿Ya ha pensado en un nombre?

Para los animales no se dice «nombre de pila», la zoolatría tiene sus límites y uno de ellos es el del bautismo.

—No, aún no.

—Si se le ocurre uno antes de que vuelva dígamelo; para que se vaya acostumbrando, es mejor así.

4. *Livre des Origines Français*, registro francés de los orígenes de los perros de raza *(N. del T.)*.

No sé si tengo ganas de que alguien que no sea yo llame por su nombre por primera vez.

Le digo «hasta la vista» a la señora Château sin más deseo que el de volver a verle a él, pero no me atrevo a pedírselo.

Al subirme a la furgoneta me siento aliviado por haber cedido y creo que estoy un poco orgulloso de ello. Porque, aunque admiro a las personas decididas, también siento una debilidad incorregible por las que se equivocan.

En el camino de regreso me encuentro en uno de esos estados vaporosos, exultante pero sólidamente anclado en la realidad. Pasa siempre con los pequeños atrevimientos, parece que todo los confirma y se perciben multitud de signos favorables; son esos raros momentos en los que todo encaja y que provocan exaltación. En la radio Souchon canta la sed de ideales, una crítica pone por las nubes a Jean-Noël Pancrazi, Gran Premio de Novela de la Academia Francesa por *Tout est passé si vite*. ¿Alguien, en alguna parte, tratará aún de convencerme de que he hecho una buena elección para nuestras dos vidas? Porque de eso se trata, justamente: el proyecto de una existencia provista de abundantes alegrías, ningún minuto desperdiciado, y para ello, a partir de ahora, me asistirá un metrónomo encantador.

En mi chaqueta azul marino llevo motas de un pelaje errabundo; las hay blancas, negras y algunas marrones.

La fortuna ha frotado dos telas que no se conocían y se diría que la vida me pide que haga algo, cual alquimista convencido.

# 4

De regreso a Le Bourget-du-Lac mi piso me parece más vacío que de costumbre. Es por el contraste de haber visto tanta vida. Empieza un mes de espera, alegre, impetuosa, para disfrutarla, pero sería bueno que también pasara deprisa. Desconfío de la impaciencia, así que me dejo llevar por su más dulce acompañante, la imaginación, que logra la proeza de frustrar el apresuramiento a la vez que se complace en él; la segunda calienta cuando la primera quema. Entonces la espera, como por arte de magia, llena en vez de vaciar, y se instala la dicha de anunciar la dicha.

Me siento en el suelo, en medio de la sala grande y de varias pelusas de polvo. Ya lo estoy viendo apropiarse del lugar. Me lo imagino ladrando, corriendo, resbalando en las baldosas, haciéndose pis a menudo en ellas, tropezando con las patas de la mesa, desplomándose en la alfombra, poniendo los ojos en blanco, levantando las orejas al menor ruido, persiguiéndose el rabo, mordisqueándolo todo a su paso, empañando el cristal de la ventana, sembrando cacas, haciendo las mil tonterías que cabe esperar y vuelta a empezar. No sé cuál será su primer estropicio, pero si es la lámpara verde a rayas del tío Bernard la reprimenda será suave. En el cuarto de baño se pasará ratos y ratos mirando cómo da vueltas la ropa en la lavadora y tratará de detenerla con la pata, con la izquierda si la derecha no lo consigue; sus asombros serán así de inocentes. Solo me lo imagino joven. No tardará en instalar su puesto de vigía desde donde controlará mis idas y venidas, asegurándose de no perdérselas. «Cinta Azul» reorganizará los lugares a su aire, sin que tengamos que ponernos reglas para vivir juntos. Pronto seremos dos que cruzan sus miles de millones de células, que se buscan, se persiguen, se modelan, se bastan. Para mudarse bastarán dos escudillas y un jergón: los perros llenan tu vida con pocos trastos. Su contenedor para el pienso estará donde le encontremos un sitio, y cada noche de nuestra historia él me invitará a encontrar el emplazamiento exacto. Está ahí, ya puedo sentir su presencia, su cabeza pegada a mis rótulas, su ronquido sereno, su olor después de la lluvia; la expectativa, llevada hasta el extremo, brinda hasta las percepciones del cuerpo. Los chamanes aseguran que, en un trance tranquilo, podemos enlazarnos con los seres lejanos. Echo un vistazo al jardincillo y me digo «que llegue pronto». Hasta entonces va a ser un sinvivir. Dicen que es preciso haber perdido la felicidad para darse cuenta de su existencia; lo dudo, por sus trazas y en cuanto llega es reconocible.

De esta unión no espero nada y lo espero todo. Cuando llegue la hora de hacer balance en el año 3000, por favor, creo adivinar que esta historia, como los amores verdaderos, me habrá deparado algo muy distinto de lo que pensaba encontrar.

Ahora que lo pienso, tendré que avisar a mis caseros de la llegada inminente de un perro. Era una condición para poder mudarme: «¿Al menos no tiene perro?». Dije que no, ¿no es acaso la verdad del momento la única que vale? Y si solo aceptan los tamaños pequeños (sucede a menudo con los que tienen coches grandes) estaremos tranquilos por lo menos unas semanas. En el peor de los casos nos echarán, daremos media vuelta, nos encogeremos de hombros y nos iremos.


Para este mes de espera tengo la tarea perfecta que ha desplazado a todas las demás. Es necesaria.

Desde lo de la señora Château no me lo quito de la cabeza. El bautismo adecuado.

Podría no ponerle un nombre al perro. Al fin y al cabo, los animales, entre ellos, se desentienden de los nombrecitos y evitaríamos esa gran pata que el hombre posa sobre el animal; ¿acaso poner un nombre no es la primera forma de dominio? No le llamaría y él acudiría cuando quisiera. La idea no está mal, pero entonces nos privaríamos de los atributos de la complicidad y nos limitaríamos al anonimato de los vulgares silbidos.

Podría ponerle un código, X23, como hacen los científicos con los cachalotes para no encariñarse con alguien que no es de su especie; a fin de cuentas, poner un nombre ¿no es la primera de las declaraciones de amor? Es el antropomorfismo al revés, su rechazo a caer en él, lo que empuja a algunos humanos a guardar tanto las distancias con el animal que nunca llegan a conocerlo, perdiéndose así las alegrías de la coexistencia. Yo, por mi parte, estoy tan íntimamente convencido de mis diferencias con Cinta Azul que no temo perderme en acercamientos que no van a resultar confusos, como el de ceder a nuestros ritos de atribución, porque entre nosotros es así, la vida surge dos veces: con el primer aliento y cuando nos reconocemos por nuestros nombres. De modo que le busco un nombre, pero eso no me convierte en su padre.

Le doy vueltas en la cabeza durante días y días. A veces intensifico la búsqueda, me concentro, consulto, hojeo, anoto, borro, escojo, clasifico; otras veces me relajo, y en esa alternancia surgen revelaciones. Cuando me parece que lo he encontrado, una pequeña duda me dice que aún no he llegado, que en alguna parte hay un nombre que me espera y no otro.

Poner nombre a un ser no es cualquier cosa, todos sabemos la confusa relación que podemos mantener con nuestro nombre, esa marca íntima, adhesiva, que no se ha elegido, a la que como mucho, al cabo de una vida, nos acostumbramos, pero que a menudo nos desacopla hasta el extremo de pensar seriamente en cambiarla o en buscar un apodo más apropiado. Mis amigos me llaman Pinpin, parezco el tonto del pueblo, pero lo prefiero mil veces al oficial.

Rebuscar en la situación del momento, erigir discretamente el memorial de tu propia historia, sobrentender tus pequeñas debilidades, escribir un mensaje al mundo, provocar al futuro, convencido de que ese bautismo tendrá una influencia poderosa en el ser bautizado, que lo encamine a realizar las grandes cosas de las que tú no has sido capaz, todo eso es elegir un nombre. Entre veintisiete letras anda el juego.

Para Cinta Azul hay dos datos que acuden en mi ayuda.

El primero es sonoro. Tiene que ser un nombre corto, tajante, que más allá de nombrarle facilite la llamada al cachorro en medio de las mil tentaciones de un parque urbano muy concurrido. Lo que pretendo es que vuelva apresuradamente a mis pies, no para proclamarme su amo sino para que el caos se reduzca a nuestra vida. Es una regla absoluta: en mis búsquedas de nombre las ideas no se susurran. Se mugen. Hay que imaginarse en el centro de una enorme muchedumbre variopinta, con personas que aman a los animales, otras que quieren que desaparezcan, tu perro que solo obedece desobedeciendo y tú ahí, solo, gritando su dulce nombre del regreso soñado, rezando para que las catástrofes y las correspondientes regañinas se reduzcan a lo aceptable. Solo gracias a esta proyección mental y a las experiencias pasadas se puede valorar un hallazgo, solo entonces se comprende que todos esos nombrecitos preciosos o exóticos no sirven se tachan de la lista. Mnemósine y Apollinaire, por ejemplo, serán todo lo prometedores que se quiera, pero resultan totalmente inadecuados si se aspira a una vida llevadera.

El segundo dato me lo proporciona la Société Centrale Canine, que desde 1926 viene asociando una inicial de nombre por año. Se dirá que es una costumbre tonta y prescindible; pero, si el amo la sigue, se sabe inmediatamente la edad de su perro. Deberíamos hacer lo mismo entre los hombres, pues conocer el nombre del otro protegería de muchas inconveniencias que pueden surgir en una relación cuando la cuestión de la edad, coquetería de las personas longevas, acaba surgiendo, pero debe silenciarse. Para 2003 es la U y eso es una ventaja, pues hay menos donde elegir. Habiendo nacido en el año de la U, tan reducida, Cinta Azul me facilita las cosas, sin duda.

De modo que un nombre que empiece por U. Que diga algo de mí, pero a la vez me permita esconderme tras él, que oriente sin prescribir, epiceno aplicado a un cachorrillo que llegará a pesar cincuenta kilos y deberá a la magia del nombre su infinita delicadeza. Un nombre que, durante más de diez años (por favor) y para la eternidad, le atraerá todas las posibles alegrías y, con el favor de los días, hará lo posible por mitigar las penas. Un nombre que le designe, que tal vez le defina, que no lo reduzca, un nombre que esté asociado al mío como tatuado para toda la vida. Un día creí haberlo encontrado, Utopie, suena muy bien, pero con tres sílabas le sobra una y, como todos los nombres prometedores, suena a chica.

Y llegaron las primeras heladas. Vivir en la montaña nos hace sensibles a las estaciones. Si uno anda un poco despistado con los meses, le basta con abrir los ojos y el entorno le da la fecha. En otoño el verde se mezcla con el cobre, el cielo es intensamente azul, las cumbres están de nuevo espolvoreadas de blanco, colores, matices y su síntesis, la luz. Con ganas de volver a sentir frío y picor en las mejillas, una tarde decido ir de excursión por la ladera de la montaña, a la sombra del Dent du Chat. Es una forma de recibir el invierno. Enfrente, bajo la cruz del Nivolet, el paisaje está incendiado, el sol del oeste da de lleno. Paseo una de las últimas veces solo en una hermosa oscuridad, radiante austeridad, como escondido, pero al lado de las claridades del mundo. A esta vertiente de la montaña privada de sol los saboyanos la laman el *envers*, o el *revers*: el revés. Es como tomarse la vida a contrapelo, encogido, pero no aterido, recluido pero no excluido. Aquí tengo la sensación de estar en mi sitio. Rememoro las grandes páginas del alpinismo, la audacia de los pioneros que desafiaron la aspereza de las caras norte. Rememoro la historia campesina del Alpe, cuando los hombres y las mujeres de baja condición vivían a la sombra para ofrecer al sol los cultivos y dar una oportunidad a la vida. Fue un tiempo en que, viviendo al aire libre, nadie se preocupaba por la vitamina D.

Entonces la ligera duda que me susurraba «todavía no» se disipó, tac, de golpe.

Cómo no se me había ocurrido, se pregunta uno siempre ante lo evidente.

Límpidas.

Unas letras, cuatro, como la tierra incendiada.

Unas sílabas, dos, huyendo de la luz pero sin rechazar los destellos de la felicidad.

Dos sílabas que chasquean como un solo ser.

Ubac.[5]

5. En occitano, «umbría» *(N. del T.)*.

# 5

Ubac está ahí, en la cocina; podría creer que me está esperando.

Mirándolo discretamente a través de la ventana, me cuesta creer que vayamos a irnos juntos. Es él, eso seguro, los niños cambiados no son de este cuento, reconozco su banda en la frente y esa forma de moverse, torpe y felina a la vez; se contonea. Es hermoso. Increíblemente hermoso. Observo cómo descubre la vida; con la trufa pegada a las baldosas, cada diez pasos encuentra una nueva galaxia por explorar: la pata de una mesa, una bolsa de manzanas, dos troncos de madera, una zapatilla, otro pie, la misma bolsa de manzanas. Ningún tesoro es más valioso que el siguiente, la idea es amontonar. A cada ruido se detiene y quiere saber; ¿se dará cuenta de todo lo que tiene que aprender?

Hay momentos tan poco frecuentes, a veces inexistentes, en que la vida nos sitúa exactamente donde tenemos que estar. Todo concuerda, de la luz a los sonidos de las palabras, de las cosas humanas a las perspectivas que uno tiene. Es como si, a pesar de lo que hasta entonces parecía fruto de la casualidad, de los vaivenes y de la condición de espectador, todo se hubiera dispuesto para ofrecerte este escenario y este papel que debes asumir sin vacilar.

La señora Château me ha ahorrado la escena de las separaciones: de sus hermanos, de la madre; allí en la cocina es como si Ubac hubiera salido de la nada. ¿Habrán llorado, habrá aullado él de miedo? Es inhumano arrancar a un ser de su familia; la moral y la ley lo condenan cuando los hombres se lo hacen entre sí. Los animales no sienten nada. Es bastante cómodo creerlo, así nos evitamos preocupaciones. El hombre, a fin de cuentas, hace lo que quiere de la condición salvaje; cuando le viene bien la convierte en modelo supremo, implacablemente justo; otras veces se tapa la nariz ante todas esas vidas que considera insensibles.

Entro sin llamar, así lo habíamos acordado.

Ubac deja de explorar y corre hacia mí. Si le hubieran adiestrado para hacerlo no le habría salido mejor. Lo agarro y me lo subo al cuello, quizá debería haberme agachado, nos abrazamos o algo así, su microlengua es rasposa como el papel secante y su aliento no es el que se espera de una segunda cita. Con sus dientecillos afilados mordisquea el cuello de mi camisa y luego mis dedos, que le dicen un débil «no». Ha duplicado su volumen, pero se le palpan las costillas, ahora viste una especie de lana que le brota por todo el cuerpo, la trufa y los cojinetes son rosa pálido, sus patas de topo son más agradables, sus ojos se han despegado y su rabito parece un metrónomo puesto a doscientos. Con su rabanito, que la enfermera desaprobaría sin vacilar, me orina un poco encima, digamos que de alegría. Por Dios, qué bonito es. Le pido su opinión a la señora Château, quien me dice «sí, muy bonito». Ella también con vestido azul, nos mira con ojos tiernos, no se acostumbrará nunca. Vuelvo a dejarlo delicadamente en el suelo, demostrando a quien quiera verlo que está en buenas manos. Nos sentamos en las sillas de paja y roble, el café está caliente; el hule, limpio. Da la impresión de que en esta habitación siempre hay una tarta tibia, hoy de pera.

—Bueno, pues ya está.

—Usted lo ha dicho, sí.

—Entonces ¿ya le ha escogido un nombre?

—Ubac.

—Es bonito.

—A mí también me lo parece, aunque no soy el más indicado.

—Me recuerda el colegio, nunca sabía qué lado estaba al sol.

—Yo también me confundía con eso.

—Verá, siempre he preferido las preguntas a las respuestas.

—Mejor así, surgen todos los días.

Tengo que firmar los últimos papeles, entre ellos un cheque. Ella garabatea algo, me da una cartilla sanitaria en la que pone «Ubac», me emociono, qué tonto, hasta ahora solo lo había pronunciado. Ella me explica el calendario de vacunas y varias reglas de transición, como el número de comidas, las cantidades y la marca del pienso. Qué delicada es esta mujer: me aconseja sin dar órdenes, me avisa sin angustiarme. Todo irá bien, me dice. Que la vida la oiga.

Esta cocina es como una esclusa. Se sale definitivamente de un mundo para entrar irremediablemente en otro; hay un final, hay un principio y una marcha atrás imposible. Tras varias firmas y tres kilos de pelo, ya nada será como antes. Ubac, como hará a menudo, se empeña en quitar solemnidad al momento; de repente su afición exploratoria se concentra en el trasero del chow chow doméstico, poniendo las patitas delanteras sobre las ancas con un inconfundible movimiento espasmódico; el otro no colabora. La señora Château y yo reímos; los perros tienen ese don de cualquier ambición ceremonial y ayudarnos a evitarla. Su sexualidad no estará aún determinada, pero eso no impide que sea precoz y vivaz. Durante toda nuestra vida compartida me preguntaré si mi compañero macho en busca de pareja lo es por afición a los placeres carnales o por un motivo mayor, relacionado con la reproducción de su especie. El día que agarre con vigor la pierna de Louisette, mi vecina octogenaria y bigotuda, sabré que no es ni lo uno ni lo otro.

Luego Ubac se acurruca a mis pies, aplicando al pie de la letra el manual del perfecto adoptado. Está agotado, ha hecho más en una hora que desde que nació. La señora Château me dice que ya ha entrado en la casa con sus hermanos y hermanas, que hace eso con todos los cachorros para que se acostumbren a un mundo distinto, al aspirador, a Jean-Pierre Pernaut,[6] a los portazos y a la agitación de los humanos. Se lo agradezco, pero me parece una tontería. ¿Y si los hombres debiesen acostumbrarse a la calma de los animales?

Pues ya está, empezamos nuestra vida en común; es insólito, por lo general hacen falta varias citas sucesivas, aparecen esperanzas y temores, rosas y poemas, interruptores que se pulsan prudentemente antes de que dos vidas se mezclen. Con un perro, entras solo y al cabo de una hora ambos salimos unidos. Lo que se pierde en languidez se gana en potencia.

6. Locutor de noticias *(N. del T.)*.

—Conozco a mis perros... los perros. Noto que Ubac está contento de irse. No lo digo para que usted se tranquilice.

—Pues me quedo más tranquilo.

¿Lo quiere él realmente? ¿Es feliz así? Estas preguntas serán los dulces estribillos de los próximos años y solo tendrán por respuesta la grandiosa y terrible interpretación que uno le dé.

—Con las personas, al menos, se sabe, hablan.

—Sí, pero pueden decir lo que quieran.

Me gustaría charlar horas y horas con esta mujer. Es posible que esté a punto de enamorarme de ella, no tanto por ella como por lo que es: simplemente, la fuente del amor.

Me levanto, Ubac me sigue. Gracias, cosita, por facilitarme el momento, no habría soportado un comienzo forzado en el que tu suerte solo la decide el puño de un hombre. La señora Château y yo nos despedimos, es un concierto de pañuelos, cada uno le concede al otro la idiotez de llorar. Durante años le enviaré fotos del perro, como hacen los secuestradores: pruebas de vida.


Nosotros (sí, nosotros) salimos de la granja. Hago una señal de despedida. Le sugiero a Ubac que él también se despida y estallo de alegría por lo exaltado que estoy.

Cuando vuelvo hacia la entrada me doy cuenta de que

el lugar se llama Le Bûcher,[7] no le había prestado atención la primera vez. Este nombre podría significar el final y la consumación, pero lo que atiza son las ardientes promesas. Comparto este punto de vista con Ubac y él parece estar de acuerdo, asintiendo con la cabeza como hacen los perros de mentira de la bandeja trasera. Es una costumbre que tendremos siempre: conversar. Y pedirle su opinión. ¿Nacería justo en este momento, en este camino lleno de baches que le hacen menear la cabeza? Durante esas conversaciones a veces lo notaré harto de oírme siempre las mismas monsergas, pero casi siempre me ofrecerá atención y aprobación. A veces conseguiré que me diga lo que quiero oír, pero en algunas ocasiones decisivas dirá que no y yo me rendiré ante su gusto inmoderado por la honestidad.

Lo instalo en el asiento delantero de la furgoneta. Desde allí mira a lo lejos. No se pierde un detalle. Todo desfila, nada se puede fijar.

—No creas que el mundo va siempre a esta velocidad. Si se quiere, puede ser más pausado.

Dicen que un cachorro tiene que viajar en su jaula, que es mejor para él y la seguridad de todos. ¿Para qué ser vivo resulta más protector estar encerrado? Si el peligro consiste en frenar, pues no frenaremos. Parece que Ubac

7. La Hoguera (*N. del T.*).

no se marea en el coche, buena noticia, porque hay que ver el océano, las montañas lejanas, los horizontes y la Patagonia. Cada vez que detengo la Trafic por un semáforo en rojo o por otro motivo, Ubac decide que es el momento de la gran travesía entre su asiento y el del conductor. Creo que le gustaría acurrucarse entre mis piernas. Le digo un «no» que huele a libertad. Entonces viene, va y se cae; al fin y al cabo está en su casa.

En el peaje, la mujer de la cabina lo ve y se le ilumina la cara. Es por lo bonito que es. Sucede siempre con los cachorros, alegras la vida de quienes te encuentras, salvo de los que están hechos de hielo; basta con medio minuto, ya no es cuestión de gustos: dejan inmediatamente lo que están haciendo, miran a esa maravilla vulnerable, se agachan y le dicen con voz infantil qué cosita, es monísimo o monísima. Hay días en que este embeleso irradia hasta rozarte y te convences de que también te lo dicen a ti, pero esta esperanza dura poco. Como mucho, la celebración de la belleza te toca de rebote, y ya es bastante. Esta popularidad de los cachorros es merecida, no se esfuerzan demasiado en gustar, son así y basta con eso, la belleza sin intención de sacar provecho es una voluptuosidad superior, del orden de la gracia, qué lección para nosotros, los engreídos. En el animal hay un brillo, algo que los filósofos han llamado «el don puro»: no pretendía darte nada, no pierdo nada dándote, no pienses que este don te pertenece, puede ser compartido por todos, pero si te hace feliz no nos privemos de él y viva la gratuidad. Es algo así como el café de Nápoles, ese café pendiente que se ofrece a todo el que lo quiera.

Por lo general, una vez pasada la admiración, las personas preguntan qué edad tiene, si es una nena, cómo se llama, y me expresan con un suspiro de envidia cuánto les gustaría a ellos también alegrar sus días con una compañía así. Cada vez, de forma automática, les contesto que nada se lo impide. Entonces la mayoría echan mano de una excusa muy manida y que han recitado hasta creérsela, desde un trabajo sin horarios hasta unas vacaciones sin tener dónde dejarlo, desde el piso sin balcón hasta la pareja sin corazón. Siempre existirá algún impedimento, esperar a que todo esté alineado es la mejor forma de quedarse atascado. Algunos, los menos, son más francos. Por último están los, llamémosles, torpes, que te juran que nunca volverán a tener un perro porque aún no se han repuesto de la pena de su muerte. «Cuando se fue». Nunca he entendido por qué, ante una vida que empieza, hay que hablar de la muerte; ya habrá tiempo para eso.

Llegamos al Revard, esa inmensa meseta nórdica en las alturas de Aix-les-Bains. Es raro que haya caído tanta nieve en esta época. Sopla un aire colado, parece invierno.

# 6

Han venido muchos paseantes a tocarla, a rodar por ella, a deslizarse por encima. La primera nieve es magnética, siempre; es como si supiéramos que un día cercano ya no existirá. Los restaurantes de montaña se apresuran a abrir, algunos alquileres de esquíes también, huele a cera de esquí y a patatas fritas. Ubac también está impaciente, se agita en su asiento, ¿se ha dado cuenta ya de que ese sustrato blanco abierto a todas las ideas será nuestra fiel compañera?

Le gustaría saltar del asiento, le creo muy capaz; en los perros el sentido del peligro debe de aparecer más tarde o bien no lo han programado para él. Lo dejo en el suelo. Se mueve con calma, la nieve no le asusta: uno de los ancestros berneses le estará diciendo al oído que no hay motivo para temerla. Ya está, lo observo existir a mis pies, comienza una vida de mirar hacia el suelo. Pensaba que sí, pero no temo que se escape. Ubac se detiene ante cualquier cosa y se queda pasmado con ella. De sorpresa, de embobamiento, del placer de esperar. Un insecto cubierto de nieve, el grito de un niño, la sombra de una nube. Resulta encantador verlo. Se centra alegremente en cada instante que le brinda la vida, locamente prendado del presente, hermético a todo lo demás, y luego, a la menor ocasión y sin previo aviso, acepta igual de gustoso salir de él y que su vida tome de repente una dirección distinta de la que tenía un segundo antes. Va de un momento apotéotico a otro, no parece que el cálculo intervenga para nada, solo reina la sencilla y terca alegría de existir. Vivir con un perro es eso, es volver a aprender que una hora está hecha de sesenta minutos, cada uno de los cuales merece ser tomado en consideración, es concederse el derecho de mariposear de uno a otro, ser vulnerable a la sorpresa ya la incertidumbre, esas fuentes inagotables de esperanza.

De todos modos parece preocupado, porque no se separa de mis botas. Hace unos metros se agotaba en la nieve blanda y luego se ha dado cuenta de que, pese a mis zancadas, los cráteres que crean mis botas son más cómodos. Me sigue. Como un perro, dicen los idiotas. Esta mañana todavía tenía a sus hermanas, a sus hermanos, a su madre, al humus de su tierra para calmarle, y después del rapto, hala, solo me tiene a mí. Sin mí, aquí, se moriría de frío, de hambre, de no saber. Entonces surge ese sentimiento, vértigo halagador, de ser el protector de este pequeño polluelo, y también la vergüenza de superar ese gesto cruel: el rapto. Todo se andará; para que me gane su confianza se necesitarán horas y meses, por mucho que le diga que no tiene nada que temer, sé que entre nosotros las bonitas palabras solo valdrán si las ratifican los hechos y su constancia. Me parece bien, no se adquiere todo con una promesa.

—Verás, de todos modos alguien te habría llevado. Tampoco está tan mal que haya sido yo, ¿no crees?

No sé por qué nos empeñamos en hablar a los perros. Será porque cada uno de nosotros sueña en secreto con ser el primer hombre en la tierra a quien el suyo le conteste.


Dejo que se mueva a su antojo, intento no alertarle a cada poco, no hay mejor forma de generar el miedo.

De repente, salido de la nada, un husky grandullón se le acerca a gran velocidad. Se pavonea, el pecho abombado, los ollares eruptivos, debe de ser un macho. Ahora resulta que me dan miedo los perros. Su amo no parece temer que se meriende a Ubac. «¡No hace nada!». ¿Por qué demonios todos los amos de perros vigorosos berrean esa frase horrible? Los dos se olfatean, los perros traban conocimiento por el trasero. Ubac quiere jugar, a esa edad solo importa la diversión, no se sabe nada de los vicios del mundo. No parece en absoluto aterrorizado, bien porque no tiene el sentido de las proporciones, bien porque su historia le dice que el otro perro es clemente. ¿Será eso el instinto? Si yo tuviera que vérmelas con un congénere con unas espaldas que son veinte veces como las mías que se abalanza sobre mí resoplando fuerte, por mucho que me griten que es encantador, estaría paralizado de miedo y desde luego no se me ocurriría, como reflejo diplomático, la idea de olisquearle la popa. El husky se va como ha venido, Ubac pasa a otra cosa. Hemos salido airosos, sobre todo él, de nuestra primera mediación.

En una gran extensión blanca no hay azar en los desplazamientos, se va hacia un punto de referencia, algo que llame la atención. Las personas se acercan a la bolita negra, esa pequeña atracción. Ubac imanta los corazones y congrega a las personas, hasta a las más decididas a no ceder, felices por haber encontrado una autorización para hacerlo. Es una bella coreografía y ser su objeto satélite no me molesta, algunos solo tienen perros para eso: la métrica de la audiencia. Muchos le llaman Pépère,[8] como si la vida fuera un círculo. Cuando les digo que es Ubac me preguntan dónde está Adret,[9] voy a tener que acostumbrarme a este chiste geográfico. Los más entendidos me preguntan dónde ha dejado su barril de ron y les digo que son los san bernardos quienes llevan la cantimplora, segunda réplica que me tocará aprender de memoria. En realidad su encanto me gusta; unas veces bastará con vivir juntos, si hace falta escondidos; otras veces algunas exhibiciones y los sufragios que eso conlleva tampoco harán daño en una vida a menudo carente del sentimiento de su propia utilidad.

Ahora estamos en el bosque. Veo cómo Ubac se desloma en la ladera nevada. Aquí la tierra hace pliegues. Habría podido estar con un pescador y sus orillas, con un viticultor y sus hileras de cepas, pero es en la montaña donde va a vivir. Está claro que le impongo mis sustratos, mis aficiones y sus variantes, lo que compone mi vida lo va a forjar a él, el determinismo contra el que para otras cosas me rebelo, aquí soy yo. Heme aquí ascendido a responsable en jefe de sus metamorfosis. Descartes se equivocaba: los animales no son esos seres sometidos a un

8. Algo así como Papuchi; se le puede decir tanto a un abuelo como a un niño. *(N. del T.)*.
9. Solana. *(N. del T.)*.

principio universal que dirige idénticamente sus actos y lo que son. Lo innato no reina como amo absoluto y diferenciarse no es algo exclusivo del hombre único, sensible y pensante, por mucho que lo pretenda. Según lo que Ubac hará, percibirá y sentirá, según su entorno, se diferenciará de sus once hermanos y hermanas con un destino singular, y yo seré el primer actor de ese entorno, esa pretensión o esa carga insondable. De los roces de la piel a los ruidos de la vida, todo lo que le sugiera le desviará de su ausencia inicial de proyecto, y no pienso quitarme de encima esa responsabilidad. Lo recíproco estará ahí, su presencia me cambiará y los dos juntos plantaremos cara a la uniformidad del destino: ¿para qué sirve la vida si no se la manipula un poco?

A veces Ubac se echa a llorar. Se sienta, se queda muy quieto y gimotea.

No me lo imagino haciendo eso con su madre, ¿habrá descubierto ya mis debilidades de hombre? ¿Qué quiere decirme? Tan poco amigo como soy de las certezas en la vida, ahora voy servido; la señora Château estaría encantada, solo tengo preguntas. Simple capricho de gandul o sufrimiento a considerar, el baile de las hipótesis entra en escena; variará según mis estados de ánimo, pero irá disminuyendo a medida que compartamos nuestra vida. Vamos a aprender a conocernos, a construir un lenguaje intermedio. Le faltará el habla, pero habrá algo mejor. Serán las miradas, los ruidos ínfimos, las curvaturas del cuerpo, el sentido del pelo, esas señales secretas percibidas solo por nosotros que permiten el diálogo de dos seres diferentes. Ubac, que sabe, me enseñará sus feromonas. Entonces alcanzaremos la alteridad, y no me refiero a ese término tan rimbombante que se usa para quedar bien, aunque sepamos que su ambición oculta es reafirmarnos en la divina opinión que tenemos de nosotros mismos; no, me refiero a la verdadera alteridad, la de unos seres tan distintos que nada de uno mismo sirve para descifrar al otro y averiguar lo que es.

De vuelta a la camioneta le pongo a Ubac una escudilla con un poco de agua. Bebe. Me alegro de haberme dado cuenta de que tenía sed. Este pequeño triunfo me complace, la felicidad es el arte de lo poco. Si mete tanta agua en su pequeño estómago como la que suelta en el suelo del vehículo, se habrá saciado. Verse en el fondo de la escudilla de acero inoxidable le intriga, ladra a su imagen. Pronto beberá de mi boca. Lo pongo en su asiento, está bastante mojado y a su alrededor, como en un papel secante, se forma un cerco grisáceo. No parecía tan sucio, el pelo negro y marrón es un camuflaje de primera. No es el momento de pensar en los años futuros, cuando revenderé la furgoneta «como nueva». ¿Acaso no me ha enseñado ya Ubac que basta con el presente, aunque enturbie el futuro?

Rodamos en dirección a mi piso con parada en la tienda para mascotas. Se ha quedado dormido. La curiosidad, la excitación, quizá el miedo, todo lo que te mantiene despierto sucumbe a la fatiga. Quiero pensar que la sensación de seguridad también tiene algo que ver.

Mientras conduzco pienso en la grandeza de esta jornada, sus escalofríos y sus entusiasmos, y en el extraño estado en que me encuentro. Hacerse cargo de otra vida fragiliza tanto como fortalece, más aún en esta mezcla de destinos, donde el lenguaje de la sangre no interviene y la iniciativa es solo mía.

Una muralla frágil, en eso me convierte la llegada de Ubac.

Y es una condición maravillosa.

# 7

La tienda para mascotas está a las afueras de Chambéry. Es como las otras de la cadena, un cubo verde.

Cuando la furgoneta llega al aparcamiento Ubac se despierta: presiente cualquier cambio en el acto.

Entro con él en brazos; a lo mejor se le ha olvidado andar. Recomiendan no hacerlo, pero en su compañía no hay recomendaciones que valgan. Necesidad, posesión, exhibición, sin duda hay algo de todo eso; ¿es indispensable traerlo aquí? De la Casa Valerio a la torre Eiffel, me haré continuamente esta pregunta y aún estoy esperando a que me contesten.

¿Cuántas veces habré pasado por aquí sin prestar atención a esta tienda? Qué extraño cómo se llega a parcelar una vida. Puedes desconocerlo todo de un mundo vecino al tuyo y un buen día, por azar o necesidad, empujas la puerta de este universo y descubres lo que se cuece dentro: desde los pensamientos hasta las prácticas, e incluso el exceso de las pasiones.

Pueden ser la filatelia, los ciervos volantes o la compañía de los perros, la vida tiene miles de refugios. Luego, un día, sin haberlo visto venir, ese ámbito se vuelve exclusivo y lo absorbe todo.

Adentrarse en una tienda para mascotas es algo así como cruzar ese umbral. Entras aquí como en una jungla, un profano en busca de juguetes, una escudilla o cualquier otra cosita para tu bicho, y se revela un territorio de fronteras infinitas y con otra cultura: sus olores, sus ecos, sus tótems, su gente que no es como nosotros, su comercio, sus bellezas, también sus fealdades, que el entusiasmo del neófito podría ocultar alegremente. Diriges a este territorio nuevo una mirada divertida, ávida o temerosa, deambulas, tanteas, te sientes torpe. Si aquí se hablara otro idioma no te parecería tan raro. Entrar con Ubac me autoriza, lo llevo conmigo como un salvoconducto.

Sin embargo, ya conozco un poco estos lugares. Iko. Pero había deseado cerrar su puerta el tiempo que hiciera falta. Hoy se trata de volver a entrar. Es una tienda enorme donde venden té, tazas de bambú, yuca, sopa de ortigas, plantones de calabacín, cortacéspedes, libros para cocinar la calabaza, algunos días gatos. Un revoltijo de cachivaches chinos y biblioteca de galimatías antiguos que te inician en profesiones desconocidas, una mezcla de zen y charlatanería que honra la vida casi tanto como la ridiculiza. Aquí el verde es el color adorado. En este lugar las personas creen volver a la naturaleza y a sus fuentes, primer paso o mala dirección, según de donde se venga. Puedes oír CD de alegres delfines y sonidos de pájaros auténticos; según la corriente de aire huele a incienso nepalés o a caca de chinchilla, a la que tienen un poco descuidada. Como las bebidas espirituosas, la sección perros está al fondo de la tienda; a las almas impacientes los comerciantes las someten a largos recorridos. Para ir a los perros hay que pasar por las aves, que saltan más que vuelan, y luego por los peces tornasolados. Los del aire y el agua no parecen «amarse con amor tierno»,[10] quizá por la noche, cuando callan los delfines. Exotismo en cada sección, Ubac está en el zoo, él levanta la oreja, yo abro los ojos como platos.


Aquí te sientes un poco triste. Entonces ¿cuál es el propósito de este mundo? El creador no inventó estas joyas para que languidecieran así, capturadas y encerradas; ha-

10. Alusión a la fábula de La Fontaine *Los dos tórtolos*. (*N. del T.*).

bía hecho del horizonte y de las profundidades sus únicas lindes, y luego el hombre las encarceló sin más juicio que su visión arbitraria del negocio y de sus resultados desiguales. Es como encerrar el viento. ¿Ha olvidado a tal extremo cómo viven los seres vivos? El barbo de Sumatra está a tres euros sesenta la pieza, un chollo. En la etiqueta pone que es vivaracho, buen nadador, que vive en la parte intermedia del acuario y que es apreciado por la comunidad ictícola (es el clásico anuncio horrendo que adornan con una palabra culta).

—¿Sabías que con un peludo como tú habría podido comprarme trescientos barbos?

Vivir con un perro te inicia en las objeciones silenciosas, y creo que me gusta esa comodidad muda de no tener que contestar a todo.

Me digo que yo no formo parte de este circo; a pesar de mi presencia aquí, no soy cómplice de estas conquistas, Ubac saltará de ríos a montañas, de hierbas altas a vías lácteas, sin más límite que nuestros movimientos compartidos. Pero ¿no es ese un encierro igual de amnésico de sus libertades originales? Un día, en medio de las calles tristes de Petrich, unos perros errantes, en manadas, con el pelaje sucio, siempre alerta, cubiertos de garrapatas, vaciando cubos de basura se cruzaban con otros pulidos, con collar brillante, vientre terso, perro único y amo solícito. Me preguntaba cuál de ellos, el vagabundo o el doméstico, era más feliz, y si alguno soñaba con la vida del otro.

La sección canina no escapa a la norma. El hombre no sabe qué hacer con el perro, divinizado o cosificado. Está la intención amable y están todos los olvidos de una elegancia natural que no exige florituras para vestir el mundo. Qué incongruencia acercarte así a un ser completamente distinto, al tiempo que uno rechaza sus desnudeces misteriosas y se empeña en convertirlo en su prolongación. Esta corrupción oscila entre la cursilería y nuestra pasión por los píxeles proyectada sobre unos seres a quienes eso les trae sin cuidado; en el estante principal, el tercer volumen de una película para ponérsela al perro durante nuestras ausencias. Si pudiera pronunciar al menos una palabra en su vida, nos suplicaría que dejemos de pensar por él. Más allá, espray antiestrés, dentífrico e impermeables escoceses; al parecer, los animales, sin el hombre solícito, morirían de no se sabe qué.

A fin de cuentas, esta sensiblería no hace daño a nadie salvo a toda la humanidad, que desdeña la fuerza soberana de unos, niega la arrogancia de otros y olvida que unos cuantos miles de millones de hombres merecerían que les mimasen así. ¿Justifica el cariño todos estos bártulos? Nos topamos aquí con la jugada turbia de los amores inconfesables que nos dominan con su fuerza; cada objeto de este tenderete es ridículo, pero, vinculado a un ser querido y aplicándole los simbolismos esenciales, le perdonamos el mal gusto de la peor especie. De aquí deberías salir reanimado, pero no, te sientes abrumado. Luego se te pasa, la indulgencia de los días felices lo barre todo a su paso, ¿no es mejor así? Te dices que, si todos los hombres se preocupasen de las palideces de un bonsái o de las neurosis de un periquito, por muy graves que sean, el equilibrio del mundo no sería peor. En la sección del pienso Ubac se agita en mis brazos, parece que su olfato se ha agudizado. Yo, que no como carne, tendré que aceptar que se maten montones de vacas y pollos para mantener la preciosa vida de este perro. Un paquete atrae especialmente a su naricilla inquieta, y no es el más barato; en letras gordas dice que contiene de lo mejor.

—Caramba con el suizo del demonio.


Escojo un collar rojo entre cientos, una alfombra parda, aunque seguramente preferirá mi sofá raído, y dos escudillas de acero inoxidable. Sea como sea, lo de sacar las cosas de Iko queda descartado. Esta es otra historia y Ubac tiene derecho a una vida ligera, sin cargar con penas ajenas. A pesar de mi alergia a las instrucciones, también cedo ante un libro sobre el boyero que cada dos páginas me dice de qué podría morir mi perro al cabo de una vida necesariamente espléndida. Esa es otra de las razones por las que no me he apresurado a contarle a todo el mundo su llegada, pues sé que me recordarán que es una raza frágil y que tendrá una vida corta. Pasa lo mismo en nuestra sociedad con las advertencias; los agoreros siempre parecen los más lúcidos porque quien grita los malos resultados un día u otro obtendrá las pruebas y cobrará los intereses. Un paquetito de comida para cachorros completa este viaje a unos lugares que nunca me aclaran si el hombre es la especie más lograda o la más inadaptada de todas.

Llevar en brazos a un cachorro anguila y unas compras no es demasiado práctico. Las escudillas de acero entrechocan, lo que parece distraer a Ubac y a unos clientes que se alegran de que un hombre orquesta anime esta tarde la tienda; hay momentos en la vida en que nos conformamos con muy poco. En la caja, una amable señora, Sophie según su chapa, me pregunta si quiero la tarjeta de fidelidad de la tienda; le digo que no, esa será por hoy mi resistencia a este mundo al revés en el que participo con ahínco.

—¡Qué mono! ¿A que no es ni pizca de viejo?

Con labios temblorosos, algo avergonzado por su felicidad, respondo embobado que sí; siempre me lío un poco con las frases «interronegativas». Que Sophie se interese por este perro es una marca de nobleza, hace que la clasifique sin dudarlo entre las personas estimables; a las otras, las de la indiferencia, se la devolveré convenientemente y no me fiaré de ellas. Sophie me dice «hasta la vista» sonriendo y deseándome que sea feliz. Aquí la gente no parece temer a la vida.

# 8

Le abro la puerta del piso como lo haría con la reina madre; casi se diría que, siguiendo costumbres antiguas y por falta de experiencia personal, cruzaba el umbral del hogar con la recién casada en brazos. Poco me falta para echar unas lágrimas de felicidad, es una locura el poder que tienen los pequeños gestos, que la vida me permita no olvidar este. La vieja perrera decrépita que está en el patio (hubo un tiempo en que mis caseros aceptaron la idea de tener perros) le ha dejado indiferente; nosotros, por descontado, usaremos nuestra propia caseta.

Ya estás en tu casa. Nadie lo sabe todavía, nosotros aún menos: nos mudaremos diez veces juntos.

En el libro se aconseja organizar racionalmente los espacios de la vivienda compartida. Separar las zonas dedicadas a dormir, comer, jugar, esperar, aburrirse, una esclusa para la vuelta de los paseos, prohibirle al perro algunas habitaciones de la casa, exclusivas para nosotros, y otras sutilezas en materia de demarcación. Todo esto resultará muy cómodo en el castillo de Chenonceau, pero en mi piso minúsculo, de apenas dormitorio y cocina diminuta, optaremos por las reparticiones mentales o por el todo común.

Un perro reinventa tus sitios. No hace mucho caso de tus costumbres, de tu sentido de la circulación ni de tu lugar preferido. Ubac no va a donde yo pensaba que iría, redefine el espacio visto desde sus ojos y de la importancia que otorga a las cosas. Cada vez que yo observe su visión del mundo me recordará que la mía es una entre tantas. La «vista al lago» que me cuesta un dineral todos los meses le tiene sin cuidado, es en medio del estrecho pasillo donde decide que sus horizontes son hoy más amplios. Se deja caer allí. Por supuesto, la alfombra que acabo de comprar no cabe. La doblo, le gusta así y se apresura a acostarse encima, es su forma de decirme que nos hemos entendido. Lo que no dice el libro y me parece esencial es que Ubac debe saber que no estaré nunca lejos de él, pero que esta proximidad, de entrada, es variable y subjetiva. Podrá ser de dos metros como de cien kilómetros, de veinte segundos como de una semana, no será medible, porque la sensación de seguridad no lo es; los corazones próximos y que se alimentan mutuamente no siempre están pegaditos. A mí, para calmarme, me basta con que Guillaume Fostier viva en este mundo, sé que al menor inconveniente surgirá de los confines de la tierra; basta con saberse amado para sentirse protegido. De modo que me voy a la habitación de al lado y trato de no acercarme a él. Alejarse de las fortunas nacientes va contra natura, pero esta disciplina las multiplicará. Un minuto después Ubac ya me ha encontrado, meneando el trasero como en la danza del pato; haberme convertido en su pariente tranquilizador es un ascenso que me honra. Le digo que no se preocupe, que no le pasará nada, los hombres siempre necesitamos subtitular la evidencia. Cada vez que me levanto Ubac me sigue con más o menos retraso, nos cruzamos cuando vuelvo de una distancia de un metro y tropezamos. Intento no celebrar con histeria cada uno de nuestros reencuentros, pero nunca habría pensado que trivializar el amor es darle oportunidades para que se eternice. Hablando de amor, Ubac dirige el suyo a un puf negro descolorido lleno de bolas de poliestireno que iba a tirar a la basura; lo prefiere a las baldosas, a quién le gusta la dureza. Después de dar tres volteretas, se arrellana tranquilamente en él. Pienso que debería alarmarme: seguro que empezará por acostarse en él, luego se divertirá con el crujido de las bolas, rascará la funda con sus patitas anteriores hasta romperla y se tragará las bolas y se morirá. Pero también puede que salga todo bien y ese puf se convierta en su campamento base, fiel e íntegro; demos rienda suelta al placer de vivir con la ilusión más duradera posible de que no va a ocurrir lo peor. Ubac se entretiene después con los flecos de la alfombra de trapos de mi abuela, tira de uno de cada cinco con sus ingeniosos dientecillos y eso le divierte; he hecho bien en no comprarle un trompo chino con bocina. Da la impresión de que este mordisqueo compulsivo le sienta bien; al ver encima de la mesa mis bolígrafos y sus capuchones roídos, me digo que a partir de ahora tenemos una pasión común por la oralidad. Los lugares más desprovistos de encanto de este piso inspiran la poesía burlesca, me paso demasiado tiempo en el cuarto de baño para su gusto por estar juntos, Ubac gime, le digo que está ocupado y la felicidad de no tener que seguir hablando solo me hace reír. Luego me reúno con él y le veo convertir las horas en segundos.

Hacia las siete de la tarde, fantasía de funcionario, llega la hora de cenar. Los cachorros comen dos veces, por la mañana y por la tarde, es lo mejor para su estómago inmaduro. El de Ubac me confirma la hora, me sigue a todas partes, se inquieta y chilla como un reloj parlante. Ha comprendido enseguida que su madre y luego la señora Château me habían transmitido la función de jefe nutricio. En el libro se dice que hay que dejar la escudilla solo cinco minutos, sin distracciones alrededor, y si el perro no come peor para él, se salta el turno y se espera al siguiente. Así entenderá que hay momentos para comer y otros para otra cosa. Qué infancia tan adusta habrá sufrido ese veterinario para vengarse así de la existencia, posiblemente feliz, de todos sus lectores. El caso es que Ubac no come. Nada. Ningún interés. Me sigue y se acurruca a mis pies. Cómo le entiendo. Cuando era niño y me mandaban a un centro recreativo, los nervios me hacían ayunar durante dos días, estrategia muy rentable para las patatas fritas del lunes. Hablamos de eso, de los miedos, de las dudas y del cuerpo que rechaza; yo me niego a pensar en una peritonitis o en una huelga depresiva de hambre, voy a echar un vistazo al puf. Vuelvo a sumergirme, sentado a la mesa de la cocina, en los ojos abiertos de la señora Yourcenar, qué encanto tienen sus palabras, ella lo sabe bien. Diez minutos después, de pronto mis zapatillas se llenan de un calor agradable. Ubac se acerca a su escudilla, estabiliza sus cuatro patitas, menea su cola de lagarto y termina su pitanza en pocos minutos. Victoria y confirmación de que la quietud y la ilusión de infinito son más fecundas que las prisas. Ceno al lado de Ubac, lo que al parecer no debe hacerse nunca, pero empiezo a entender la lógica del libro; se trata de hacer más o menos lo contrario de lo que predica.

En diciembre la noche cae sin previo aviso y te atrapa. Con ella, el silencio y los sueños desmesurados; con ella, las espantosas soledades. Milú, Mabruk y Rintintín no temen la noche, Ubac es de su mismo temple, estoy seguro. Lo que no quita para que sea su primera noche fuera, implacable, lejos de los suyos a los que no pertenezco, lejos de su abrigo de madera frágil pero que le bastaba para estar en paz. Esta noche tiene derecho a pensar que está solo. Seguramente no esperaba nada de la vida, pero menos aún esto. Pasamos el resto de la tarde tumbados en la alfombra, he bajado a su nivel para señalarle mi presencia, él extiende su cuerpecito entre mis piernas, su cabeza suspira sobre mi ingle como hará cada vez que me tumbe en el suelo, y se duerme, con nuestros pulsos acompasados. Por afición a esta amalgama de cuerpos y a los momentos tranquilos, durante los años siguientes experimentaré una vida sentada en el suelo. Cuando despierta, hacemos una salida higiénica sin más sorpresas que la exploración electrizante de los alrededores de la casa y el despliegue de todas las luces exteriores.

Llega el momento de acostarnos y entrar en la noche profunda, a la medida de nuestros miedos mezclados, a la medida de mis miedos proyectados. Estoy tentado de dormir en la alfombra pero es una bobada, no resistiría así una vida entera; es mejor empezar con la verdad por delante. La página 28 del misal nos dice que hay que imponerle al cachorro el emplazamiento de su nuevo dormitorio, un espacio reducido, bastante oscuro, cerrar la puerta para prohibirle que deambule por la casa, contar con sus llantos estridentes y persistentes pero no ceder a ellos, soportar el malestar. Noche tras noche, cada vez será mejor. «Como es bien sabido», dice la página 29, «siempre se cosechan los frutos de la firmeza». He arrancado a Ubac de su pequeño mundo esta mañana, le he destituido súbitamente de un amor familiar y luego le he llevado a unas geografías inciertas y a unos olores desconocidos. Sin vuelta atrás. Durante todo el día él ha puesto a prueba su valor y su confianza, y ahora tengo que encerrarle, aislarle de cualquier vida, esperar que no grite, y, si grita, esperar a que se agote para que duerma bien. Si él, pese a todo, pudiera alegrarse de su suerte y mañana por la mañana darme las gracias por esta maravillosa noche, sería el chucho más amable de todos y brindaríamos juntos por el síndrome de Estocolmo. ¿En qué etapa de su débil paso por la tierra el hombre decidió que la represión sorda es la única diplomacia válida con los demás seres vivos? De modo que, si dos o tres representantes de la raza humana se mean encima de miedo con la aparición tonificante de un moloso, eso no cambiará la condición del hombre; al contrario, tan solo reafirmará sus viles certezas, ¡lástima! Eso sí, mientras les dure el susto, habrán experimentado durante largos segundos la sensación de impotencia, habrán creído que iban a morir y, por una vez, el miedo habrá cambiado brevemente de bando. Siento el mismo placer culpable cada vez que a un torero, en nombre de las tradiciones, le agujerean los oros. Entre mi buenismo rusoniano y esos reflejos de dominación debe existir un lugar para vivir juntos.

Esta noche prefiero probar con la libertad. Mis padres y su educación de juegos al aire libre me han armado para luchar contra la idea de que no es bueno enviciarse con ella. De modo que dejo la alfombra nueva al final de su pasillo preferido y una de mis camisetas viejas a modo de amuleto. Después de tocarnos mucho (esto es una pista de reconciliación con el libro, que parece creer en los consuelos del contacto), después de prometerle lunas en abundancia, me dirijo tranquilamente a mi cuarto, simulando indiferencia, y me dispongo a acostarme. Que vaya a donde quiera, que husmee donde le parezca, que experimente la sensación estimulante de poder ir a todas partes; frente a tantas libertades se estabilizará. Durante los primeros largos momentos oigo sus desplazamientos exploratorios, muchos de los cuales pasan al pie de mi cama, algunos gañidos y unos intentos de escalada. Se queda ahí un buen rato. Si una de estas noches una señorita convencida se junta conmigo, tendré que explicarle a Ubac la variabilidad de las demarcaciones y de la noción misma de libertad. Después, imagino, de haberse asegurado de que toda salida de este dormitorio pasaba necesariamente por su cama, lo oigo volver a sus cuarteles.

Durante la noche, con paso gatuno, le hago una visita. Duerme, y parece decidido a hacerlo de un tirón hasta la mañana. Hay cierto olorcillo a orina, pero qué más da; pocos espectáculos son tan apacibles como el de un animal apaciguado.

# SEGUNDA PARTE

# 9

Ni que fuera Nochebuena; me levanto pronto, con prisa por descubrir lo que la noche ha ofrecido a mi vida, noches trepidantes de impaciencia. Recuerdo esos ambientes familiares en los que había un perro. Cuando era niño soñaba con tener uno, se lo daba a entender de todas las formas posibles a mis padres, de la sugerencia al chantaje, de los primeros premios a las rabietas, pero no había manera, el gato se ajustaba mejor a su gusto por las pequeñas obligaciones que conllevaba. Hoy lo saben, solo una vida larga puede ratificar que nuestros sueños infantiles no eran caprichos.

Por mi casa pasaban algunos animales. A veces algún amigo de mis padres llegaba con su perro; me acuerdo de uno, Hawai. Solo tenía derecho al garaje, me reunía con él y juntábamos locamente nuestras felices soledades. Era un mastín de pelo rizado, y yo estaba tan convencido del poder de los perros que para mí era evidente que por eso su amo se llamaba Mouton.[11] Por la noche, ese montañés de músculos nudosos, bronceado y enfundado en prendas Think Pink, con aliento a licor de genciana, partía con su perro sin correa en su vieja furgoneta blanca que arrancaba con dificultad. Su vida me parecía de las mejores.

Otras veces rozaba la felicidad de tener un perro: me iba a dormir a casa de quienes lo tenían. El mundo se dividía en dos clases: las familias sin y las familias con. En casa de Nounoune estaba Tania, en casa de Parrain, Socrate. En casa de la tía Marie-Françoise estaba Shadok; me levantaba lo antes posible, los primos dormían, había un fuerte olor a café y al plato quemado de la víspera (mi tía no lo sabía, pero la apodaban La Carbón). La radio hablaba bajito con palabras interminables y de problemas serios; yo arañaba el tiempo de los mayores y, sobre todo, volvía a ver al perro, que parecía encantado de que se interesaran por él desde por la mañana. Sentado con las piernas cruzadas, él como una esfinge, me zampaba dos rebanadas y hablábamos durante horas, dejando a un lado las tonterías sobre qué haría de mayor o el nombre de mi novia. Cuando los mayores cambiaban de cuarto él tenía derecho a miel sobre

11. Oveja. *(N. del T.)*.

mantequilla sobre pan sobre mis dedos, le daba la miga silenciosa y le rogaba que tragase deprisa y no se relamiera. Si hacía buen tiempo, ciencia incierta en el Escalda, corríamos a jugar fuera, nos inventábamos ejércitos enemigos y siempre ganábamos. Volvíamos marrón y verde, los mayores decían que aquellas manchas no salían al lavarlas, rodillas costrosas, pelo pegajoso de sudor y abrazos, lenguas fuera, luego dormíamos en el suelo.

Esos perros de la infancia eran la pandilla de mis mejores amigos, y en mi mente de minihombre su presencia significaba hacer lo que nos diera la gana. Desde mis primeros recuerdos he estado con perros. Shadok me quería mucho, creo. A veces se fugaba de casa de mi tía, venía a verme caminando por las aceras y las callejuelas; de Aulnoye a Berlaimont, había tres kilómetros. Una alegre mañana de julio lo estaba viendo llegar, cruzó la calle con impaciencia, un coche ciego lo atropelló, hubo un ruido fuerte de frenos y de choque, voló por el aire y luego bajo las ruedas. Mis padres lo llevaron al garaje, había sangre debajo de él, estaba triturado, aullaba a lo que llaman la muerte y, me pusiera donde me pusiese, atrapaba mi mirada. Mi madre me mandó que me fuera a la cocina y me enfadé con ella por haber pensado en mí cuando era él quien sufría. Es hasta hoy mi recuerdo más doloroso de una vida que se detiene en seco. Tan solo una respiración antes, existía la felicidad de estar juntos.

Ubac está ahí. Radiante de felicidad, revoltoso. Un cachorro no tiene «mal despertar».

El corazón de un perro no sube en potencia, está a tope, henchido, de inmediato y siempre, hay amor en él desde que se despierta; esa vitalidad plena es sin duda lo que le agota y acorta su paso por el mundo. Podría decirse que siempre está de fiesta, que no tiene inquietudes ni exigencias, pero eso sería desdeñar la fuerza moral de los animales. Desde hace semanas experimentamos esas efusiones de alegría, de una intensidad inmediata, renovada, que no decae. Es propio de los idilios nacientes, dirán los que todo lo miden. Nuestras costumbres se instalan: nos encontramos en el pasillo, nos saludamos con grandes frotamientos, salimos a tomar el aire, yo bebo té, él come. Tenemos nuestras señales y nuestros ritos. Yo he abierto mi vida de par en par a Ubac para que cambie, y me alegro de que nuestras mañanas se sucedan y se parezcan. Al atardecer vuelve a comer, en dos tiempos, y lo hace como todo perro que se respete: vorazmente, cabeza gacha, sin masticar ni respirar —podría ser tanto caviar como guijarros—; luego, lo más concienzudamente posible, con la punta de la lengua refinada, saborea los tres últimos granos de pienso como si lamentara haber empezado a comer con tanta avidez.

Ubac ha crecido. Entre estirones deformes y recuperaciones elegantes, sigue su curva de peso con seriedad, cada día es diferente del anterior. Ya hemos duplicado su ración, hemos tirado dos collares y sus dientes de leche puntiagudos han terminado su corta vida en alguno de mis jerséis. Tiene el cuero bronceado y desde hace poco su pelusa con pelotillas es una pelliza sedosa, salvo en los bordes del trasero, que reclama su derecho a permanecer juvenil. Su ojo gris de renacuajo es ahora una bola mate, redonda y leonada, la banda se ha estrechado aún más, ahora tiene casi toda la frente negra y la mirada clara de los seres atentos; todo su cuerpo va del corazón a los ojos. En él todo me parece delicado, dota cada uno de sus gestos de una elegancia indolente. Es un animal grande, su cabeza es colosal, me gusta apoyar la mía en ella, con un par de dentelladas me desfiguraría.

Ubac sigue llamándose Ubac y también Lulú, Babac, Bubul y otros nombres envolventes; tarde o temprano a los perros grandes les acaban endosando patronímicos que sugieren redondez. Cuando le llamo Ubac no siempre es buena señal; debo tener cuidado para que su verdadero nombre no quede reservado a los rapapolvos.

Le saco fotos desde todos los ángulos. A menudo me pregunto qué sentido tiene, si una foto plana nunca igualará los movimientos reales, pero qué mejor que estos papelitos satinados para agitar un día la memoria. Y escribo sobre él. Un poco todos los días, y luego en las grandes ocasiones. Escribo lo justo, no hacerlo sería solo vivir.

Y si hubiese demasiados renglones, supondría dedicarme menos a él.

Desde que llegó celebramos su aniversario los días cuatro de cada mes. Tener un perro reduce el tiempo y altera sus pulsaciones. Por un lado saberlo es reconfortante, pero por otro es terrorífico, porque significa que lo que te conmina a aprovechar cada minuto es inextensible.

Hoy estamos a 4 de junio, tiene ocho meses y no me he olvidado de felicitarle. Como, según se dice, el perro envejece siete veces más deprisa y yo celebro su aniversario doce veces más de la cuenta, solo ando medio equivocado.

A Ubac le sorprende todo; una oruga, el viento en los árboles, lo que ya no se ve. No deja pasar nada de lo que podría animarle la vida. Su capacidad de asombro es un antídoto contra el desencanto, no necesita oropeles: en suma, es muy vital, todos los gruñones deberían pasar una hora con un perro. Juega de la mañana a la noche con lo primero que encuentra: una lagartija, un tapón alguien imaginario. ¿Qué historias se contará? Es el ser más lúdico que conozco. En los ambientes más lúgubres siempre encuentra el modo de regocijarse, le he visto inquieto pero nunca mustio. En los sitios más adustos se revuelca, corre y salta, un perro no entiende de etiquetas ni de guardar las apariencias, siempre tiene algo mejor que hacer y esas digresiones son gozosas y contagiosas. Trato de amoldarme lo mejor posible a su libertad; es bueno para el corazón tener a tu lado a un ser tan abierto a todo que, por mucho que lo intentes, nunca conseguirás sorprender. Por otro lado, nunca he entendido ese clásico comentario de las parejas con niños guapos y el césped bien cortado: «Solo falta un perro», declaran, como si su presencia fuese el último accesorio para una vida ordenada. Porque en realidad es al revés: su llegada lo pone todo patas arriba.

Es algo que no parece tener fin, el libro habla de neotenia para esta infancia elástica; a su autor no parece preocuparle que se pueda dedicar toda una vida al juego y a la indisciplina. Yo siempre desconfío un poco de los cantos a la eterna juventud y de esa exhortación a volver a ella. La edad y su comadre la experiencia no solo acarrean retrocesos. Se espigan aquí y allá agudeza, libre albedrío y otras ventajas que no atrofian la vida y nos hacen ser un poco más nosotros mismos sin acallar necesariamente la insumisión. Pero, al observar a Ubac, me doy cuenta de que se puede conservar la esencia de la infancia: los entusiasmos ingenuos, la perseverancia en el juego y la ilusión, no negociable, de que todo eso durará siempre.


Paseamos. Mucho. A veces, días enteros. Caminamos, nos detenemos, nos tumbamos en la hierba, mojamos los pies en el río, merendamos, ganduleamos, esas ocupaciones de posguerra. Andar con un perro también es eso: alejarse, llegar a unos escenarios que no cambian, las cascadas, los bosques y los pantanos, y no saber a ciencia cierta si estamos en 1950, en la Edad Media o —creamos en la supervivencia de los elementos— en 3018. En realidad, no vamos a ninguna parte ni huimos de nada. La compañía de un perro hace que nada sea excesivo, ni el tiempo ni el espacio. No se trata de pasar el tiempo, se trata de estar presente en él.

Durante estos paseos Ubac conoce a otros seres vivos, pero es como si ya se hubieran visto. Solo su velocidad puede sorprenderle: Ubac espanta una lagartija, un ratón o cualquier otro habitante del suelo, levanta la cabeza para asegurarse de que yo también lo he visto y que compartimos ese asombro; cuando vuelve a mirar su descubrimiento no entiende que ya no esté en el lugar exacto de su primer encuentro y se vuelve hacia mí para comprender. Me río de su candor, pero envidio su convicción, la de considerar que cada cosa que nos deslumbra merece que el mundo se detenga para que podamos disfrutarla. El ratón, ya a cinco metros a la izquierda, no parece compartir lo de parar el mundo, idea a la que Ubac nunca renunciará y que seguramente explica en parte su afición por los gasterópodos.

Lo llevo a todas partes. Al campo, a los restaurantes.

A veces es evidente, otras veces es exagerado. Cuando en un lugar se prohíbe la entrada a nuestros amigos los perros, pienso que no merece nuestra visita y le encuentro todos los inconvenientes habidos y por haber. Basta con que un camarero traiga un cuenco con agua para Ubac para que todo su establecimiento valga la pena. A mi perro le brindo mis días enteros, me gustaría que nada le perturbase, ni el pescadero del mercado que habla fuerte ni el silencio sin fin de la lectura. Siempre he admirado esta escena: un tipo entra en una tienda, su perro le espera pacientemente fuera y luego los dos se marchan tranquilamente. Trato de hacer lo mismo. Pido una barra de pan de medio lado y le grito al panadero que vuelvo enseguida. En las tiendas de alimentación, recompensa de salida, vamos progresando; en las librerías ya es otra cosa. Le llevo a mis clases, los alumnos le llaman Tupac, es el rey. El día en que vengan el inspector y su corbata tendré que advertir a mis estudiantes cómplices de que no se dirijan a Ubac. Experimentamos mucho el desorden, el peligro también; si no fuera por esas cosas, ¿acaso se podría hablar de amor? Me gusta que estemos siempre juntos, acumulamos historias menudas, Ubac da espacio a mi vida, ya tengo recuerdos, lugares asociados a él, sucesiones de instantes, cortos, inmensos, de los que aún no sé lo que quedará. El futuro parece radiante, podría dejarme llevar por la dulce sensación de que se anuncian los mejores años, pero estoy demasiado ocupado con las alegrías actuales.

Para que aprendamos a estar separados, a veces dejo a Ubac con unos amigos. Cuando volvemos a vernos, finjo no haberme preocupado por lo que le haya podido pasar ni por que él quiera a otro tanto como a mí.

Mi vida en este momento es excelente, no hay nada que impida que lo sea. Las buenas noticias surgen una tras otra, como si ser feliz acarrease las alegrías remolonas. O bien es la señal, más anfibia, de una rebaja de las pretensiones; me da lo mismo, la alegría muere cuando se ausculta; es así y es fantástico.


Desde hace varios meses noto que la compañía de un perro reduce la vida social.

Una vida lastrada por la logística, porque mis horarios tienen que cuadrar con los suyos, sus necesidades higiénicas y su aversión profunda a la soledad; pero es una vida agradable, porque están esos gratos momentos de refugio en que por los caminos de bosque, por las orillas de río encontramos mil excusas para escaparnos del mundo.

Una vida enturbiada por las interacciones sociales que me exigen observar, adaptarme y etiquetar: entre mis conocidos, quién está encantado de que un perro se mezcle con nuestras afinidades, quién considera su compañía fuera de lugar o repulsiva y quién, el peor de todos, no le hace ni caso; pero una vida despejada, porque su mera presencia ayuda mejor que cualquier otra cosa a deshacerse de los pelmazos, esas chinas en el zapato que, estando solo, son como menhires. De modo que sí, digo que no a unos placeres ayer necesarios, pero tampoco renuncio a ellos, los dejo como en barbecho. Aunque desconfíe de las pasiones exclusivas y que lo abrasan todo, tampoco me privo del lujo de preferir.

Cuando voy con Ubac nos cruzamos con otros perros provistos de sus amos. Cada vez me pregunto cómo se querrán, si se hablan y si también están convencidos de que su historia es única.

Hay abuelitas con perritos falderos, cuya adoración ñoña roza el ridículo y echa a perder la definición misma del amor. En cuanto ven a Ubac, levantan su cosita con perlas y levita y todo el mundo grita. Hay neonazis con chupa militar para disimular los músculos que no tienen y exhiben perros muy fornidos con la esperanza de que alguien pueda atribuirles a ellos una fuerza parecida. Hay cazadores que encierran a los suyos en corrales de dos metros cuadrados para sacarlos los días de muerte. Luego están los que colocan en una silla a sus perros con bandana causándoles algún daño a confundir la intensidad de sentimientos con su alarde. Los hay que veneran a los animales como modelos de humanidad, considerándolos superiores en todo a los hombres, desde siempre y por siempre, olvidando que esta alabanza mecánica corroe más que defiende, pues ningún lugar está por encima ni por debajo de todo. ¿Tengo derecho a afirmar que mi manera de querer a mi perro es la mejor? Estoy harto de ver a esos animales-espejo obligados por su amo a adherirse a la definición que este tiene de un mundo perfecto y de exigirle a su perro que lo elija a él como su soberano más digno. El individuo que razona así es aquel que, cuando puede, va a la montaña con su perro, al que le ha puesto el nombre de alguna vertiente montañosa, y disfruta causando asombro en quienes le ven a él y a su compañero en pendientes prácticamente verticales, desechando la correa y adorando la cuerda para escaladas. Un día de arrepentimiento le dije a Ubac: «¡En realidad, os adoptamos para que nos paséis la mano por el lomo!».

Estaba bastante satisfecho de mi ocurrencia. Ubac levantó la pata y eso fue todo, un perro nunca tiene la última palabra, pero se las arregla para hacerte cerrar el pico.

Por suerte están los otros, los más numerosos. Quieren a su perro por lo que es: un ser vivo tan cercano y tan alejado de ellos, del que no esperan más halago que la celebración sin puesta en escena de estar juntos.

Por último, están esos seres sentados en el suelo, al margen de una vida que les golpea. Bajo el saco de dormir apestoso y compartido, piden una moneda para emborrachar el tedio y alimentar a un pastor belga, su última atadura a la humanidad, que protege su existencia vulnerable. Nada les asemeja a la burguesa con perrito de lanas —seguramente le dan asco— salvo por su amor a los perros, improbable afinidad que trasciende y junta a todos los incompatibles de esta tierra.

# 10

Desde hace semanas buena parte de mi vida está dedicada a la educación de Ubac.

No sé si «educación» es la palabra adecuada, digamos la ambición de dotarnos de los atributos de una vida ligera, ese mínimo de orden sin el cual el caos tiene poco futuro. Mis pretensiones son reducidas: que sea limpio, que acuda más o menos cuando le llame y que no salte sobre los humanos, porque esta erupción de ternura les toca sistemáticamente a los y las que tienen miedo, que se alborotan, gritan, y eso les hará aborrecer aún más a los perros. Todo ello sin dar muchas órdenes; que, más que obedecer, sepa, tal es la idea ingenua que me hago de nuestra relación.

Poco a poco está dando resultado, vamos mejorando.

En todo lo que le concierne derrocho una paciencia sin límites y parece que él quiere facilitarme las cosas. A veces es brillante, si hubiera sido del año B le habría llamado Barniz. Cada progreso es celebrado dignamente, la gente dice que Ubac es un perro fácil, yo prefiero inteligente. A veces paseamos por las orillas del lago de Bourget sin provocar una reyerta general o una nueva ordenanza municipal. Es una proeza, porque aquí vienen muchos jubilados con lupas que convierten el menor incidente en una especie de cataclismo, indiferentes a lo esencial pero amargados por las cosas triviales; nunca he entendido que, a esas edades, en que por fuerza hemos experimentado grandes sufrimientos, o al menos los tememos, no reaccionemos ante un pequeño malestar con una indiferencia ejemplar, por no llamarla sabiduría. Otras veces, sobre todo cuando tengo prisa, es un desastre, todo sale mal, entre mis llamadas y sus actos todo diverge, lo que incluso me hace plantearme si la frecuencia de mi voz está bien adaptada a la fisiología de su oído.

Una de mis escasas certezas es que la adolescencia no es exclusiva del hombre. Ya he tenido que correr tras él para que se diera cuenta de mi enfado, y le encantan esas carreras. Tiré fuerte de los objetos que él no quería soltar; se ha aficionado a los juegos de fuerza vascos. Me escondí detrás de los matorrales, fingiendo llorar, para ver si se alarmaba por mi ausencia, sin reparar en que otros, por ejemplo, unas señoras, me miraban intrigados. De noche, en calzoncillos y en la nieve, le felicité por dos cacas anunciadas, retenidas y liberadas al aire libre, saltando, gritando de alegría, recompensándolo con cálidas caricias como hay que hacer con cada uno de sus éxitos, activando todos los sensores de la casa para ofrecer a mis desconfiados vecinos un espectáculo de luz y sonido de gran efecto. Por la mañana, para recoger otras dos, me escondí por miedo a que creyera que estaba disfrutando con ese juego de Pascua. Cometí todos los errores necesarios, me agaché mucho y nos fuimos haciendo mayores.

También yo aprendo tanto como él. Trato de ser justo, constante y proporcionado, el lenguaje de la fuerza del orden. Creo más en las felicitaciones que en las sanciones, mi vida de profe me demuestra las virtudes de las primeras y la necesidad pero las limitaciones de las segundas. Esto es aún más cierto con un perro; sancionar lo indeseable no hará que surja por arte de magia lo deseado, las almas soñadoras deducen mal. Tanteo, pero no pego ni expulso. Dicen que el peor castigo para un perro es echarle. ¡Vete! Nunca le diré eso a mi perro, ¿y si obedeciera?

Cuando le digo a Ubac que puede salir fuera, si yo no salgo con él, se sienta inmediatamente a la salida y se queda ahí plantado, un jardín de medio metro cuadrado bastaría. Permanece inmóvil, sentado contra la pared, altivo y erguido, desafiando a todos los pelotones del mundo.

Así adosado, empuja hacia atrás con toda la espalda hasta el pescuezo. Creo que con este frotamiento que invita a sus genios se imagina que en medio de los ladrillos va a aparecer una abertura invisible. Lo más loco es que funciona: una puerta aparece con bastante fidelidad y su picaporte luce exactamente como mi relativa firmeza. Entonces puede dedicarse de nuevo a su disciplina favorita, de la que no me quejo: reducir al máximo la distancia entre los dos.

A menudo me pregunto cómo se las arreglaría Themis, su madre, en medio de una hermandad de doce aprendices, cómo funcionan las cosas de forma natural. Creo que ella les regañaría con dureza, tajante, no se perdería en advertencias graduales ni periodos de prueba. Noto la eficacia de ese método cuando grito fuerte porque me he asustado, por ejemplo, en mitad de una calle que Ubac ha cruzado como si aún no se hubiera inventado el automóvil; entonces se para en seco, comprendiendo que no es un juego, paralizado por mi miedo. ¿Cuándo va a entender que es mortal?

También he aprendido de los niños. Varias veces la obediencia de Ubac a su vocecita me ha dejado pasmado. Razonando como un hombre, pensé que sencillamente quería complacerlos, porque un perro, dice el libro, conoce muy bien el rango del que tiene delante. Pero no, obedece porque en la petición del niño no hay ninguna fisura. Los niños creen en su poder, están protegidos contra la duda; cuando le dicen a Ubac que se siente, la posibilidad de que no lo haga no existe. Ubac se sienta. Yo ahora aplico su dogma: hay que creer. En lo que se dice, en lo que se hace, en los deseos que se piden. En suma, en lo que se es.

Un sábado por la mañana, por curiosidad más que por conversión al concepto, fui a ver un curso de adiestramiento canino al otro lado del túnel del Chat. Había una multitud, montones de perros distintos, personas también de todas clases, monos de faena y mocasines. Los perros parecían felices de que les dirigieran, como les pasa a algunos militares. Por todos lados resonaban los «¡Quieto!», me parecía oír exactamente lo contrario del motivo por el que un perro entra en nuestras vidas. Un instructor que olía fuerte a testosterona se me acercó y me explicó las bondades de la escuela. Por supuesto, Ubac le daba motivos para creer que su caso merecía un curso prolongado. No hacía más que hablar de «anarquía»: la anarquía esencial sin la cual una relación hombre-perro no es viable, la anarquía tal como la hay en la naturaleza, la anarquía que ya no está de moda en nuestro mundo actual, ya me entienden... A mí todo eso me parecía maravillosamente peculiar, inesperado y atractivo, una nueva corriente, sin duda, marcial y a la vez desenfrenada. Como yo le daba la impresión de no entender nada, quiso explicármelo con otras palabras: era una cuestión de orden entre el dominador, yo, y el dominado, Ubac, una historia de estado mayor, de temor y de puntapiés en el culo. Poco a poco comprendí que era la «jerarquía» lo que él adoraba como profesor. Falsos amigos, me despedí de él educadamente.

Tengo que recordarme a menudo que Ubac no habla francés. Decirle en tono zalamero que estoy moderadamente satisfecho de que haya arrancado el empapelado de la entrada tiene una eficacia relativa; me parece más sensible a la forma que al fondo. Creo que ahora Ubac sabe que se llama Ubac, pero se le da bien olvidarlo en el momento adecuado. Sabe que volver a donde estoy no tiene por qué ser menos interesante que lo que tenía previsto explorar de los alrededores, o que sentarse rápidamente es una postura que puede depararle un tesoro, incluidos cacahuetes. Empecé con uvas, que me parecían preferibles para ese perro con cuerpo atlético, hasta que el veterinario me dijo que no había nada más tóxico para los riñones y que podría haber muerto. «Uno cree que está haciendo lo correcto», me dijo. Justamente. En lo referente a los saludos por la retaguardia, empecé sugiriéndole que esa actitud estaba prohibida con todas y todos y en cualquier ocasión, pero, al ver que ahora es más preciso al hacerlo, le animo a olisquear el trasero de los que consideran el suyo muy valioso y de todo punto superior al de los demás. Hasta la fecha ha sido un fracaso.

Cuando me siento a la mesa Ubac se sitúa al lado, muy cerca, y me mira fijamente; solo unos ruidos de la glotis me sugieren que no se ha fosilizado. Me gustaría creer que es adoración, pero, si me siento en el mismo sitio para leer, escribir o durante una hora sin olor a comida, su amor decrece admirablemente hasta desaparecer por completo. Cuando mira de reojo mi plato puedo elegir tres métodos para desviar su mirada. El primero es darle inmediatamente un trozo de lo que sea, así el asunto estará despachado y yo seguiré siendo el maestro de ceremonias; eso no funciona, al instante el muy canalla vuelve a poner sus contadores a cero. El segundo es esperar hasta que acabo de comer, así comprenderá que cualquier cuestión previa es inútil; esta opción apenas es mejor, pues espera sabiendo de antemano que habrá un final feliz y eso desarrolla con gran eficacia sus cualidades de resistencia inmóvil y baba elástica. Por último, podría tratarse de no ceder en nada, pero el hombre que soy, criado con Pierre Mauroy y las riquezas compartidas, por indigestas que estas sean, no lo superaría. De modo que yo ceno, tú cenas, nosotros cenamos.

Así es más o menos nuestra vida en los últimos meses de tanteos felices. Dos especies distintas que se acercan, aprenden una de otra y se compenetran intensamente, lo que los biólogos llaman muy acertadamente «vitalidad».

Ubac es un buen perro, pura bondad.

Me gustaría tener algo que ver en ello, pero no soy yo, sino su alma. Cualquier tensión, por leve que sea, le perturba, le gustaría que reinara siempre una alegría serena, se empeña en proteger a todo el mundo empezando por los débiles, a quienes detecta a cien leguas prestándoles una atención inmediata. Por mucho que le diga que las esponjas emocionales se desecan más deprisa que las otras, le da igual. Los mismos que dicen que es un perro fácil dicen que es de buena pasta. En el perro, como en el hombre, odio esa apreciación, porque expresa el candor timorato, cuando se trata de la fuerza suprema. La bondad, tan ridiculizada en todas partes, requiere mucha más enjundia que la violencia huraña. No sé a qué se debe... a Themis, a una buena estrella o a unos valores aprendidos de ambos, pero la humanidad de Ubac no es un cumplido, es deliberada y decidida. Es una decisión. Cuando entra en un cuarto percibe de inmediato si el estado de ánimo es conciliador o destemplado, creo que incluso lo mide, algo en el aire se lo indica, y no sé por qué arte de birlibirloque regula su intensidad para lograr una plenitud, su mera presencia es una bendición, traga todas las bilis y con un órgano invisible las filtra convirtiéndolas en alegría, espero que no le quede dentro ninguna suciedad; los que no entienden nada de perros, sorprendidos con el buen resultado, deben preguntarse qué ha ocurrido súbitamente en su vida. Sí, más que una tensión, lo que hay es una pelea, como el portador de la paz, circula de un sitio a otro y proclama, sin negociación que valga, la tregua sagrada. Por lo general las partes hacen caso, todo se apacigua y la tensión se rebaja; Alain, mi chistoso tío lejano radiólogo, dice que Ubac es el betabloqueante de la familia. No sé si se refiere a rebajar la tensión o a poner fuera de juego a los tontos pendencieros, pero creo adivinarlo. A menudo hay alguien que me da las gracias por Ubac, como si yo tuviera algo que ver.

De todos modos, a veces sobrevalora el peligro.

Una mañana de Navidades, en la casa de mis padres en Boulieu-lès-Annonay, me levanto temprano, tradición familiar. Ubac no está. Le pregunto a Jean-Pierre, el hombre que me crio y al que llamo padre; no lo ha visto. Así nacen siempre las desgracias, el número propicia las negligencias, siempre crees que se encarga otro. Lo busco por todas partes, le llamo. El garaje, la casa, el jardín, los alrededores, el barrio, esos círculos concéntricos de la preocupación. Me dirijo al pueblo, poniéndome en lo peor, grito su nombre, mucho y fuerte, la imagen de Shadok no se me quita de la cabeza. A la vuelta de una esquina me encuentro a mi madre que vuelve de comprar pan, tiene esa sonrisa marcada que finge serenidad pero que uno sabe que es de alivio. Camina inclinada, con una correa improvisada hecha con cinta de pastelería para rodear el cuello de un perro sin collar y muy contento de animar su mundo. En medio del pueblo mi madre notó una presencia a sus pies, se volvió, primero sorprendida y luego estupefacta: Ubac estaba ahí. La había seguido sin que ella se diera cuenta. La vería salir de la casa y, en su escala de peligros, ella representaba una criatura extraviada, sola, hembra, anciana y vulnerable. Había cruzado una nacional en cuyo arcén todos los años ponen ramos de rosas, dos calles con mucho tráfico y otras zonas al descubierto. Solo. El miedo retroactivo me empujaba a abroncarle, pero no hice nada, sé que es incapaz de relacionar dos actos distantes. Me limité a aclararle que, aunque me alegraba de que dedicáramos nuestra vida juntos a las grandes emociones, le suplicaba, por favor, que tuviera cuidado de no morir. Ese día creí que le perdía y, por si no lo tenía claro, comprendí que una vida sin él era impensable.

No se lo comenté inmediatamente a mi madre, porque la comparación era cuestionable, pero este episodio de salvación del mundo, con intención loable y efectos desastrosos, me recordó una situación experimentada varias semanas antes, en la que pareció que por un momento Tex Avery se adueñaba de mi vida. Ubac y yo caminábamos por la orilla de la carretera y él vio un caracol. El bicho estaba a punto de acabar su travesía de la carretera departamental que había iniciado, al buen tuntún, la mañana de la víspera. De modo que era un superviviente. Ubac, consciente del peligro que corría el burgado en el asfalto, lo cogió con la boca y, sin causar el menor rasguño en la concha, lo dejó en un lugar seguro, al otro lado de la carretera. Dos días la ida, cinco segundos la vuelta. Una vez depositado con delicadeza en el suelo, el caracol, que durante el transporte se había encogido, salió de su habitáculo, casi deprisa, con los cuernos furiosos, y yo, desde el otro lado, creí sentir su exasperación por tener que emprender de nuevo una travesía transatlántica. Deberíamos haber avisado a su familia de que llegaría con un poco de retraso. Ubac, por su parte, estaba encantado con esta repatriación sanitaria, le dije que había hecho bien, porque la intención de ayudar era clara, pero me temo que a partir de ahora no gozará de mucha estima en la comunidad de los gasterópodos. Cuando mi perro se adelantó, regresé junto al caracol y lo dejé en su línea de llegada. Ninguno de sus colegas se creerá su viaje de ese día. Aún no sé cómo contarle esta historia a mi madre sin que se irrite. Mejor me espero. O le digo que fue sobre todo la carretera la que me hizo reaccionar así.

La noche de esta escapada es Nochebuena, cenamos en familia. Ubac también, por supuesto. Tiene su hueso envuelto por mis padres en papel de regalo al pie del abeto. Es ridículo, es esencial. Lo olfatea obedientemente, sin duda preguntándose qué sentido tiene ocultar las ofrendas. Las hijas de mi hermano han crecido, Ubac es el único que no sabe de dónde caen los regalos. No sé por qué, la conversación versa sobre la muerte de Lady Di. Mi relativa indiferencia ante este suceso, que tampoco es de ahora, unido a los vapores de un excelente Clérambault, sublevan a mi cuñada, muy sensible al destino de las princesas.

—¿Así que te da igual Lady Di, la madre de dos hijos?

—Te confieso que no me conmocionó demasiado...

—¡Me pregunto qué podría conmocionarte a ti!

—Que se muera mi perro.

—¿Más que Lady Di?

—Verás, no sé qué sentido tiene esa clasificación, pero hay pocos seres humanos cuya muerte me daría más pena que la de Ubac o la que me dio la de Iko.

—Estás mal de la cabeza...

—Por favor, no me obligues a hacerte una lista.

—¡Pues yo prefiero a las personas!

—Se puede querer a todos. El amor es tan generoso que puede compartirse, ¿no es eso lo que se enseña en tus iglesias?

—Es ridículo.

Mi madre se encoge, Jean-Pierre hipa, mi hermano decide que es el momento de cortar un poco de pan y Ubac, menos sensible a la tregua que a su costumbre, deglute creando un eco a la llegada de la salsa *grand veneur*. Todo está dispuesto para bendecir la ciudad y el mundo.

—De hecho, ¿quién eres tú para clasificar los amores? ¿Por qué el que siento por Ubac debería ser despreciable, y el de Sartre y Beauvoir, de una nobleza absoluta?

—¡La reciprocidad, quizá!

—Me basta con amar. Porque, mira tú, yo nunca sabré si él me ama, nunca. Me pregunto si amar sin estar seguro de ser correspondido no será esa la definición del amor verdadero.

Lástima de Navidad, había empezado bien, yo había venido acompañado, como me reclaman desde el siglo pasado.

# 11

Nos han echado, a Ubac y a mí.

Mis caseros no tenían derecho, pero ya no se trata de leyes, es más que eso, es una cuestión de elegancia. Me lo insinuaron con palabras afectadas y ese tono desdeñoso, pensando que con eso bastaba para dejarlo zanjado.

Anduvimos de asilo en asilo, dormimos en la furgoneta, mucho tiempo, una colchoneta blanda de dos plazas, y luego, un día de vagabundeo y de suerte, pisamos la tierra prometida de Le Revoiret, un caserío escondido a orillas del Ródano, próximo a Belley. Aquí todo es negro o gris, todo está adormecido, se vive en una aguada de tinta china. El horno de pan, construido en medio de seis casas, conserva el hollín de un tiempo en que se vivía juntos. Jacqueline y André, con la voz suavizada por una vida ruda, alquilan un pedacito de casa adosada a la suya para animar su jubilación, más que para repoblar el lugar. Aunque el invierno aquí se cuela por las ventanas, la rusticidad es apaciguadora, no hay nada inútil y solo se acumulan los libros. André me deja entrar en su biblioteca, hay miles de ellos, como las historias que me cuenta alrededor de un café o de un Ardbeg diez años cuando Jacqueline ha ido al pueblo. André sabe asistir a una vaca de parto, tallar las vigas de su tejado y recitar a Baudelaire, ¿antes los días eran más largos? Algunas noches oigo unos golpecitos en los postigos y en el umbral me encuentro una sopa humeante que ha llegado sola y una rebanada de pan de centeno, cuando hay para dos... Los edificios colindantes están rodeados por un enorme parque común y compartido, como el amor a los animales. Allí está Tchoumi, su labrador negro azabache, una hembra altiva y sin edad que se encarga de animar, también ella, la vida de sus amos. Está bien alimentada y es muy tranquila, una silueta parecida a un canapé de salchicha con cuatro palillos a modo de patas, ese sería más o menos el retrato robot de nuestra amable perra. André tiene una relación particular con los animales: él los quiere, ellos se lo cuentan unos a otros y le corresponden. Si un gato pudiera elegir entre diez pares de rodillas se subiría a las de André, y una mariquita en su hombro.

Le Revoiret me gusta porque está justo en la linde

del mundo, de allí se sale, allí se vuelve, nada es realmente como en otras partes; André, aficionado a las palabras viejas, dice que en estos lugares montuosos es mejor no temer lo vernáculo. Ni los postigos cerrados. Aquí reina una amabilidad educada, ese temperamento de antaño. Aquí todo se toma su tiempo, hasta interrumpirlo. Este lugar nos estaba esperando, y, aunque demasiadas veces está envuelto en una niebla espesa, nos gusta más que las rutilantes orillas del lago. A la colina que está detrás de la casa, donde suben todas las tardes y luego dan media vuelta, Jacqueline la llama «la montaña», y es verdad que lo es.

La otra vecina del caserío es Louisette. Vive enfrente, en esas casas viejas de ventanas pequeñas, siempre iluminadas, sola. Es una señora antañona, como su nombre. Pese a su afición a las salsas de mantequilla y al babá de ron, es muy flaca, parece que ha llegado a esa edad en que el cuerpo opta definitivamente por un temperamento. A Louisette también la quiero, con su voz trémula habla mucho de la vida y de que hay que acostumbrarse a ella. Se queja de todo lo que con la edad se vuelve penoso, de la degeneración macular, de las pastillas Vichy que cuestan el doble, de sus sobrinos indiferentes, de la muerte de las estaciones y de la gramática, y concluye que no hay que quejarse. En cuanto me ve busca cualquier pretexto —traer unos leños, poner una bombilla— y me invita a entrar; en la mesa hay dos jarras Saint-Louis opacas, de su mano temblorosa el vino blanco mana a raudales, la bodega está llena, me dice, hay que hacerle los honores mientras estemos vivos. A esa edad se diría que la prevención ya no le preocupa. A Ubac ella no le gusta mucho, ladra sin cesar y no se deja acariciar; seguramente tiene la clave de misterios para mí indescifrables.

Por la mañana, cuando voy a trabajar, lo dejo en el parque y todo el desconsuelo se abate sobre sus dos ojos, admirablemente hundidos. Cuando me olvido de algo y vuelvo a casa, aunque apenas hayan pasado cinco minutos, Ubac ya no está fuera. Se ha encaramado al alféizar de la cocina de los Carrel llamando la atención de André, que se apresura a abrirle y seguir desayunando en su compañía. Unos trozos de bizcocho caen accidentalmente de la mesa de nogal para acabar en una boca y luego en otra. Jacqueline menciona la diabetes de Tchoumi, refunfuña, y André finge darle la razón. Esta cálida escena se repite todas las mañanas y yo doy gracias a la providencia. Durante el día Tchoumi le enseña a Ubac todos los trucos para abrir puertas, expresar claramente sus deseos y salirse con la suya. Es la presencia femenina que le faltaba y le envalentona, la dosis justa de devoción maternal y astucia. A cambio, Ubac se hace el machito y cree asustar a todos los paseantes que tienen el descaro de acercarse al parque. En todos los lugares por donde pase, dos horas o dos años, se comportará como si fuera el dueño; no parece que la domesticación del perro haya mitigado su instinto de propiedad, o quizá le hayamos transmitido el nuestro, pues, aunque meamos menos, cercamos mucho. Ya puedo citarle a Rousseau, quien estaba convencido de que todas las desgracias proceden del primero que cercó un terreno y dijo: «Esto es mío», que Ubac se desentiende y se dispone a controlar su territorio. Pero, si el viandante descarado es un amigo de André que le abre la cancela, Ubac le recibe como a un camarada, encantado de verle. Al caer la tarde, cuando vuelvo del colegio, me junto con Jacqueline y André, que han bajado de su montaña cogidos de la mano, un perro a cada lado de esa ternura.

Por la noche Ubac se queda mansamente a mi lado mientras le masajeo el pelo, hasta que oye la puerta. Entonces se separa de mí por las buenas; es admirable esta capacidad que tienen los perros de recibir su ración de caricias y luego retirarse sin dar muestras de agradecimiento, ni una triste mirada: seguramente saben que ese gesto satisface en igual medida a quien lo hace. O que nuestra obsesión por cobrarlo todo es ridícula. Ese ruido de la puerta, decía, es André y la señal de guardar las gallinas, en lo alto del pueblo, dice; por esta hazaña vespertina Ubac es recompensado con una ancha corteza de gruyere Dent du Chat que se apresura a engullir antes de reunirse conmigo, no vaya a ser que tenga que repartir.

Los miércoles el camioncito ocre del carnicero quesero hortelano llegado del siglo pasado corta el alba fría, da tres bocinazos y aparca en medio del caserío. Se abre una puerta y los dos primeros clientes acuden con sus ocho patas apresuradas; los tocinos de jamón caen y son escondidos rápidamente. Serán buenos años, justos en todos los sentidos, no desmerecedores en nada, pero aún es demasiado pronto para saberlo.


Cuando vivíamos en Le Bourget-du-Lac el veterinario de Ubac ejercía en Belley. Me habían aconsejado al doctor Domenech. En la primera consulta le preguntó a Ubac: «Y bien, caballerito, ¿qué piensas de la vida?», perfecta entrada en materia. En ese hombre hay una ternura estudiada, una sabiduría que algunas desavenencias con la felicidad han ido forjando poco a poco. Nos dijo que lamentaba no poder seguir visitando a Ubac porque iba a partir para llevar a cabo el sueño de su vida: dar la vuelta al mundo en barco. Un vértigo, nos decía. No me tomé a mal que su sed de libertad nos lo impidiera, las personas singulares suelen ser de trato exquisito. Le deseé buen viaje y él me aconsejó un colega suyo, el doctor Sanson, de Chambéry (ahora vivimos en Belley, la lógica, ante todo). Este señor Sanson es un joven muy delgado, con los brazos venosos, ojos rasgados de reír mucho y con quien, criterio principal, quedarías para tomar una cerveza o en Viena para ir a esquiar. Sazona sus altos saberes y todos sus diplomas raros con una justa dosis de ligereza. Sean cuales sean las noticias, la vida siempre prevalece. Cuando no sé si debo decir «ano» o «recto» para referirme a esa zona que parece irritar a mi perro, él dice «ojo del culo» y yo le entiendo. Me enseñará el boca-a-trufa, ese gesto que podría devolver la vida a Ubac.

Las primeras visitas al veterinario son las de la etapa ascendente. Acudimos a las noticias del todo va bien casi con placer. Ubac es pesado, palpado, examinado desde todos los ángulos; crece, engorda, se ensancha, el veterinario le da golpecitos vigorosos como se hace con las cosas sólidas. Siempre hay una parte de él que crece antes que las demás, esta falta de armonía no le hace mucha gracia, pero todo acaba equilibrándose. Las primeras citas no son más que vigor, invulnerabilidad y buenos resultados. El desglose de una vida, a fin de cuentas, es bastante simple: un principio en el que crecemos y un final en el que decaemos; la frágil baza consiste en alargar en lo posible el primer acto.

Las visitas se parecen. Ubac entra en la clínica, ligeramente excitado, hay gente, ruido, el olor a pienso y a congéneres es agradable. Nada en él parece vislumbrar que aquí podría entrometerse el dolor. Los presentes se ríen con sus idas y venidas que hacen sonar la campanilla de la puerta: la comicidad involuntaria es la más deliciosa de todas. Le dicen a menudo lo guapo que es y él hace gestos de asentimiento, sin cansancio aparente. Algunos clientes le miran con ojos melancólicos. Me presento en la recepción, nunca sé decir si es Ubac o soy yo quien está citado, le alcanzo la cartilla sanitaria puesta al día a la afable señorita de la recepción. Las opiniones tajantes siempre acaban teniendo sus fallos, pero yo nunca he conocido a una auxiliar veterinaria antipática. Ubac es el preferido de la clínica.

Nos dicen que esperemos, nos sentamos en la zona de los perros, las clínicas veterinarias son el Parlamento: hay dos bandos que se observan y se dicen sistemáticamente «no», los otros son los gatos. Esperar aquí es hojear una revista de perros ya hojeada la vez anterior, es mirar un programa de teletienda en el que una especie de Snoopy quiere venderte la última molécula salvadora, es abrir el libro de visitas y cerrarlo porque las palabras lloran demasiado, es leer los anuncios clasificados en el panel de corcho, matrimoniales, de higiene o de custodia, es hablar del nombre, la edad y del motivo de por qué se está ahí con la pareja vecina y por último, sobre todo, llamar a Ubac, que no para de establecer un prediagnóstico de todos los ocupantes de la sala hasta la zona de los mininos. Algunos están en su trasportín; Ubac indaga sobre los motivos de su encarcelamiento y la duración de la condena. Aquí, como en todas partes, quiere a todo el mundo, aquí más que en otras partes debe de percibir un clima de preocupación, por lo que, en plan profiláctico, anima a todos a estar bien. ¿Será tan amable porque ama mucho? Solo desconfía de los bóxeres, sin más motivo que su morro inexpresivo. Pero Louisette no tiene nada de bóxer.

Luego el doctor Sanson abre una puerta, de entrada nunca se sabe cuál, grita «¡Ubac!» y él corre a su encuentro, sorprendido de que le conozcan. Ambos parecen contentos de volver a verse, comparten esa alegre rutina de prestar toda su atención al ser que tienen delante, solo después me saluda a mí, este protocolo me encanta. A cada veterinario, incluso al que le arrancará aullidos de dolor y le recordará sufrimientos pasados, Ubac le ofrecerá su ternura sin ningún asomo de rencor; seguramente sabe que la intención de todos ellos es salvarle el pellejo.

Colocan a la cosita vigorosa sobre la mesa de auscultación; pronto será él mismo quien suba de un salto. Le sostengo la cabeza, le cuchicheo una canción que solo podemos oír nosotros mientras le miden todas las constantes que progresan, la naturaleza está bien hecha. Le miran la dentadura, los ojos y las patas como se haría con un purasangre, me preguntan si he notado algo anormal, ¿debería mencionar las heces blandas del jueves 6 a eso de las once? Una vacuna, un desparasitante u otra cosa preventiva y listo. Le bajan al suelo. El doctor pega en su cartilla una etiqueta como si hubiera pasado de curso, escribe un par de cosas en una carpeta, estorbado por Ubac, que le levanta el codo con el hocico, satisfecho por no haber visto nada alarmante; yo apunto diligentemente su peso en el gráfico, eso que se hace los primeros seis meses y luego ya no. Al final pagamos mucho, pero sin pensar en ello, y nos despedimos. Ubac sale de allí muy excitado por todo lo que ha visto y oído, y por haber conseguido que el porvenir esté despejado. ¿Sabe ya que algún día, entre estas paredes, la historia no será tan alegre?

Las primeras visitas se encadenan así al ritmo de los miedos ausentes y una fe próspera en el futuro. Si no fuera por los ojos enrojecidos y afligidos que no osan llorar de mujeres y hombres que salen solos o cargando una caja de cartón, de no ser por los aullidos inequívocos de otros Ubacs, podríamos creer en una vida que no se marchita nunca. Durante años será solo eso, refuerzos de vacunas y ese privilegio, tan pronto olvidado, de estar rebosante de salud.

Cada vez voy más a Beaufortain con Ubac.

Los fines de semana, las vacaciones y los paréntesis, sin duda excesivos, debido al absentismo escolar. Hay tierras que te acogen, no debes resistirte. Aquí nada ofende a la vista, todo habla de equilibrio; hay una especie de acuerdo entre las personas, la tierra y el ritmo del tiempo. Las montañas de este macizo son redondas o escarpadas, y según las oscilaciones de nuestra vida venimos aquí a buscar en este contraste emoción o sosiego. A veces me digo que amo orgullosamente este paraje. Chambéry queda un poco lejos y al doctor Sanson ahora debemos añadir un veterinario de proximidad para las urgencias y estar tranquilos. Será la clínica Quatre Vallées, de Albertville (aquí todos los establecimientos tienen nombres de cumbres, vertientes o cabras monteses). Cuatro es también el número de veterinarios. Se podría decir que el doctor Forget es el jefe, habla tan alto como dulce es su alma. El doctor Wicky no dice nada, uno llega a preguntarse si le gusta el oficio que ejerce con tanta pericia. El doctor Bibal ríe los años bisiestos y parece ver gravedad en todo, pero Ubac le quiere. Será reemplazado (para quienes aman las vidas largas, asistir a la jubilación de un veterinario es una señal bastante prometedora) por el doctor Deleglise, un joven galán y solícito cuya vocecita reposada ya cura a medias. Alrededor de estos cuatro hombres orbita un equipo femenino de auxiliares veterinarias que lidian con las tareas de secretaría, atención al público, comercio y asistencia quirúrgica, tocadas por la gracia de la amabilidad alegre y de esa elegancia infinita, la de acordarse precisamente de ti. Una de ellas salvará a uno de mis perros.

Estos individuos tan variados que entran en mi vida son como una tripulación que, sin haberla escogido, nos viene que ni pintada para afrontar los avatares del descenso de un río.

El principio es tranquilo, suave y radiante. La armadía es fácil de gobernar, solo unos remolinos, basta con disfrutar del presente y de la sucesión de alegrías, dejarse mecer por la certeza absoluta de que toda la vida va a ser así y no temer las aguas que discurren río abajo, porque el mañana está en buenas manos.

Aquí y allá la embarcación da algunos tropezones que la bambolean, pero sin peligro alguno, no hacen más que confirmar que es robusta: dolores mecánicos de un perro activo, al fin y al cabo son seres vivos con músculos, tendones, huesos y una mecánica bastante parecida a la nuestra, con sus umbrales de anquilosamiento. Nada anormal, pero suficiente para hacerse preguntas. Bilbal me dice que no canse demasiado a mi perro, Sanson me asegura que, sin más artificio que el movimiento de mi cuerpo, Ubac no se agotará antes que yo, y comparto esta idea de su vigor superior. También me dice que nadie conoce mejor que yo a este perro y que ya sabré si le estoy perjudicando o no; me gusta mucho este hombre. De modo que corremos, saltamos, nos revolcamos, nos levantamos y volvemos a caer. Creo que estos pequeños golpes fortalecen al perro, más que exponerlo; la vida continúa, con su prodigalidad de diversiones, y nunca tendremos demasiada confianza en ella.

Luego el río se vuelve sutil, tramposo. El caudal es razonable; las orillas, encantadoras, pero están esos discretos movimientos del agua que, si te pillan en la superficie, te arrastran al fondo. Pequeñas cosas, tan insignificantes que casi no te atreves a contárselas al doctor por no hacer el papelón de angustiado notario de tu perro, pero suficientes para recordar lo que esta vida tiene de vulnerable y de inseguro. Ubac ha contraído tres veces piroplasmosis. Dos de ellas debería haber muerto. La última fue cuestión de horas. Ubac sigue con su vida tranquilamente, come, duerme, juega, y de repente se desploma, la orina de color café, los ojos llenos de preguntas y cansados de vivir. A veces solo hay que esperar a que mejore, ese es el principal enemigo. Durante el recorrido de media hora escasa entre Beaufort y Albertville me vuelvo continuamente para asegurarme de que no se ha muerto. En la clínica, el doctor Wicky, en una muestra de varias gotas de sangre y un portaobjetos, lo descubre: «¡Piro!». El fuego. Otra vez. A la tercera se muere, nadie tiene tres riñones. Ubac se quedará allí tres días a ver si sus constantes mejoran. Esas garrapatas son la plaga del mundo, una cabeza de alfiler solapada, fea y pretenciosa que aspira la vida a su alrededor y mata hasta al más altivo de los mustangos, enfermedad de la vergüenza, porque revela tu fracaso en descubrirlas, pero ¿qué pasa si hay sesenta chupando la sangre de tu perro y cuando ya has arrancado, estallado, cincuenta y nueve le crees a salvo? Que no me hablen de que todos los seres tienen una utilidad en la tierra, esas chupasangres de los demás no están aquí más que para amargarnos la vida. Solo las moscas que, terminada la tarea, exhiben su voracidad asquerosa disputan a las garrapatas el título de seres vivos más odiosos.

En otra ocasión, es aún más pequeño. A su lado, un perro es como si pesara treinta y ocho toneladas, pero en realidad es el milímetro el que fulmina. Al azar de una luz rasante descubro la minúscula verruga en la comisura del ojo de Ubac. «Verruga» es una palabra que suena bien, a benigno. Es Forget quien oficia, es especialista en piel, esa preciosa membrana que los perros ocultan bajo su pelaje. Lo malo con él es que somete cada signo clínico al algoritmo. Abre con generosidad la puerta de su saber y partiendo de esa cosa que llamamos «verruga» examina todas las probabilidades, de la más corriente a esa dramática terminada en «oma» que solo aparece en el tres por ciento de los casos. Ayudado en esto por el réquiem de internet, se acaba tomando en consideración esos tres que hacen ciento y el destino confirma nuestra predilección por lo peor. Entonces el diagnóstico se afina y mutila. Hay que abrir la frente de un animal que no ha pedido nada, hacerle agujeros y bultos, quitarle esa cosa ínfima, meterla en un pequeño recipiente, luego en un sobre, mandarla tú mismo a un laboratorio, si acaso rezar a esos de los que te reías y esperar. Esperar a que el doctor llame y pronuncie esas palabras largas que acortan las vidas, algo así como «mastocitoma», común, a veces asesino. Para hacerlo bien, concluye el doctor, habrá que seguir de cerca a Ubac, eso ya estaba previsto, pero la vida se tensa.

Estos movimientos de agua cambian la situación, la navegación se complica, empezamos a prestar atención a las turbulencias y a disfrutar menos de los remansos. Las consultas pierden ligereza. Muchas veces tengo que ayudar al veterinario a sujetar a mi perro para que se esté quieto, para que no se haga daño, para quitarle un pedacito de cuerpo, para saber. Me culpo por ello, impresión desoladora de estar detrás de los dolores y los miedos del animal. Tendido de costado, yo encima de Ubac con un delantal de plomo, nuestras miradas se cruzan y noto su incomprensión por verme cómplice de esta relación desigual. De vuelta a casa, tengo que volver a hacerle daño, vendarle, hacerle tragar drogas a base de trucos, el más perverso de los cuales es la dulzura. A veces se aleja cuando me acerco, jamás había hecho eso, tengo miedo de que pierda la confianza en mí. Le digo esas trivialidades: «Es por tu bien» cuando todo se parece al mal, me agarro a cualquier creencia conveniente, como que le he convencido. Se entabla una violenta discusión entre una parte de ti que te pide que le dejes tranquilo, que él es capaz de encajarlo, y otra convencida de que estos paréntesis inamistosos son necesarios para alargar su vida. Intensa o larga, ¿quién no ha pensado alguna vez en la vida en estos términos?

## 12

—¿Dónde está Ubac?

Los escasos momentos en que no está aquí, a mi lado, me hago esta pregunta. En nuestro pequeño mundo formamos una díada, un organismo vivo, ni él ni yo, sino uno formado por ambos. Creo que nunca he pasado tanto tiempo con un mismo ser. Cuando camino, caminamos. Cuando se detiene, me detengo. «¡Me pregunto quién lleva a quién!», me dice una mañana un paseante al vernos callejear rodilla contra flanco. Sí, hay algo de eso, de ese equilibrio recíproco, como las claves de una bóveda que se juntan en un todo robusto. ¿Qué es también el amor, sino dejar de estar solo?

A veces me sorprendo por no reclamarle a la vida ninguna relación suplementaria, es alarmante. ¿Ya no hay lugar para otros seres que nos aporten calor? Los amigos están ahí, la familia, los compañeros de juego, y no me aparto de ellos, sigo tratándolos, satisfecho de que Ubac se haya integrado en estos grupos en el lugar que le corresponde y que ocupa a las mil maravillas: cerca del centro. Pero en lazos más íntimos, en una relación única, estrecha y continua, algo llamado «amor», en eso no pienso, al menos no tanto como la ausencia de este debería exigir.

Por lo general estamos solos, «solitos los dos», como dicen los niños que no entienden de ilogismos. Pasear, abrazarnos, recibir y hacer visitas, tomar café en la terraza de un bar, recibir y dar noticias, salir de fin de semana, ir a ver las vistas, sumar nuestros entusiasmos, echarnos de menos, lo que se suele hacer con otras personas, a eso nos dedicamos. Tener un perro es estar en el mundo sin estarlo del todo, no en la periferia sino muy dentro, pero alegremente translúcidos, es como permitirse una soledad velada, feliz y pasajera. Si te ven siempre solo, sentado en un banco, vagando entre multitudes, por calles y bosques, se preocuparán por ti y pensarán que lo tuyo es misantropía, pero si estás con tu perro te dejan tranquilo, algunos te comprenden porque saben que esos exilios son mucho más reconfortantes que las carencias que se les achaca. No me falta el afecto en mi entorno, la vida es generosa conmigo y, digan lo que digan los metidos a psicólogos, uno no se hace necesariamente con un perro por ausencia de cariño en su vida, también este puede acumularse.

Pero, aunque me gusta la idea de que a un hombre le baste con su perro, desconfío de los amargados. Conozco demasiado bien la sensación de estar peleado con el mundo, el daño causado por el encierro y el vacío que le sigue; la humanidad no está esperando a que te reconcilies con ella y no puedes reprochárselo, después de haberle dicho tantas veces lo poco que vale el hombre. Y hay otras consideraciones. Como que el apego que nos tenemos mi perro y yo despierta un vivo deseo amoroso, casi a todas horas. Y luego está la duda sobre mi propio poder de gustar sin los encantos rutilantes de Ubac. Está, pese a la alegría de lo compartido, el deseo latente de recobrar las fuerzas de una identidad solo mía.

Algunas visitantes de la noche y las mañanas han venido a perderse a mi lado. Brevemente. Decían que Ubac era un encanto, por convicción o por seducción, no lo sé. Él no acababa de entender que la puerta de mi dormitorio estuviera excepcionalmente cerrada y que ambos no jugásemos al escondite después de cenar. Desde su constancia, el perro no puede imaginar que el hombre fluctúe de registro en registro. Pero no les hacía mucho caso; a pesar de esas negligencias y de los cuerpos más arrimados que de costumbre, para él esas visitantes solo eran unos humanos más y tenía que adivinar, con su instinto clarividente, que solo estaban de paso. A veces me salía la vena canalla y me alegraba de que nos dejaran solos. A Ubac y a mí.

Pero en el mundo, entre millones, hay una Mathilde.

Un frío jueves de noviembre, a la salida del aula Astree 13, abatidos por una incomprensible clase de psicofisiología sobre la naturaleza del reflejo y de los gestos inconscientes, nuestras miradas se cruzaron, se penetraron, casi se retaron. Eran las diez y veinte, olía a tabaco y a café, y si la clase no se hubiera reanudado habríamos seguido así. Antes de ese momento nunca nos habíamos visto, quizá ni siquiera existíamos. Es morena, negra de pelo y de piel, ojos también negros que te dicen que pases de largo. El blanco aparece cuando ríe, es muy sensible a la alegría, lo hace a menudo. En chándal, traje oficial del lugar, se ve elegante, lo que no está al alcance de cualquiera. A menudo se muestra orgullosa de forma ostentosa, algo que suelen hacer las personas que dudan mucho de sí mismas. Cada uno indagó sobre las costumbres del otro y así volvimos a encontrarnos menos casualmente, y tuvimos la suerte de que algunos tipos de la facultad, además de ser muy divertidos, eran, por ese azar que lo decide todo, compañeros comunes. Luego vinieron las máquinas de café, las bromas durante las pausas, la suerte de estar en el mismo grupo de prácticas, los repasos de exámenes como pretexto, su compañía buscada, necesaria y prodigiosa, los movimientos del cuerpo, porque en Ciencias del Deporte se trataba de eso, las fiestas de los jueves, del Oxxo y de cualquier bar de apuestas, las noches rehaciendo el mundo y extirpándonos de nuestras vidas respectivas el tiempo de imaginar, paso a paso, los contornos de otra vida. Por otra parte nuestras vidas se parecían mucho, sus trayectorias, sus retrocesos, sus murallas; era como si siguiéramos la misma dirección y, aunque eso podría sugerir un acuerdo por nuestra parte, siempre es más difícil hacer que unos caminos paralelos se junten. Fue un baile fascinante: provocar, retrasar pero nunca precipitarse, estar pendiente de las llamadas pero dispuestos a pensar en meses o años, esas dilataciones del tiempo que entrañan el respeto ajeno y la presunción de una historia singular. Porque desde los primeros momentos existió la sutil convicción de que algún día nuestras vidas se unirían, pero lo impedían nuestras lealtades a otros seres a quienes tanto habíamos prometido, por lo que deseábamos que la evidencia los relegara con la menor ingratitud posible. Sin duda también rondaba el miedo, clásico de los preámbulos, a que la realidad matara este sueño, y la orgullosa certeza de que nosotros valíamos más que un plan de ahorro-vivienda y unos armarios de IKEA.

Con Mathilde, que me parece muy guapa, comparto cierta visión del mundo y las diferencias justas para poder sumarlas. Cuando nos vemos, empezamos una frase la víspera y la terminamos al día siguiente; la noche de vinos las discusiones se acaloran, pero sin intemperancias: si se prende fuego, no será de paja. Dormimos juntos sin más idea que velar el uno al otro, lo que a veces nos entrelaza. Es la hermana que me faltaba; uno no se atreve a desear a su hermana. Hablamos de todo, mucho de lo que el otro nos inspira y nos enriquece. Nos confesamos nuestros fallos y cada uno simula que no los había notado. En los bares y las cervecerías a los que vamos cuando podemos, miramos a las parejas que, hasta que les sirven su plato, no tienen nada más que decirse, y nos da mucha risa, convencidos de que no somos así; del parquet de roble al anisado 501, todo lo que es antiguo gana en belleza, el amor no. Cuando estamos juntos la vida es poderosa y algo me dice que esta intensidad soportaría fácilmente el paso del tiempo. También hablamos de perros, ella me cuenta su infancia a cuatro patas y su pelo pegado por los lametones de los animales de los tíos y las tías, siempre de otros, Taquin, Wapiti, Tupoleff y el Citroën BX de Bernard que apestaba a Rako. Mathilde los quiere. Si no fuera por eso, creo que no podría quererla. Además, si no fuera por eso, no habríamos arrimado nuestras vidas más allá de los *happy hours*, porque si el otro quiere o no a los animales eso se nota inmediatamente —una frase, una atención o la ausencia de ella— y retrata, entre las otras cosas que le gustan o disgustan, lo que es en el fondo y nos hace o no compatibles.

Un día Mathilde me dijo que le gustaría venir a pasar el fin de semana a Le Bourget, para ver al famoso perro del que hablamos todo el tiempo por teléfono. Ir a buscarla a Lyon (da clases en París) acompañado de Ubac en la furgoneta me puso eufórico. Iba a verla de nuevo, iba a hacer las presentaciones de unos seres que, si la historia no miente, vivirían juntos mil amaneceres. Nos saludamos con un fuerte abrazo, plantarle unos besos no habría tenido sentido, y enseguida abro la puerta lateral de la furgoneta. Ubac sale; el orgullo es un sentimiento tonto, lo sé, pero me embarga. Mathilde lo descubre, maravillada, como si hubiera llegado ese instante que reclama desde las primeras cartas a Papá Noel. Se dan la pata y un abrazo acompañado de grititos. Luego corren mucho y saltan un buen rato en un campo de fútbol cercano. Se olvidan de mí, es perfecto. Es su encuentro, yo soy el espectador atónito y, de los cuatro mil millones de latidos que, eso espero, agitarán mi corazón, estos ya están archivados.

Al llegar la noche, alrededor de mi minúscula mesa de madera que tiene la virtud de acercar a la gente, reanudamos la conversación interrumpida hace dos o tres meses. Se trata de las penas y alegrías de la vida o algo por el estilo. Y también de Romain, de Sylvain y de algunos otros de la memoria colectiva. Que Ubac esté ahí nos resulta muy útil para reducir el espacio que ocupa la turbación y rellenar unos silencios cada vez más apremiantes; por mucho que digamos que tenemos toda una vida por delante, el deseo asoma con fuerza en algunas situaciones. Ubac esto, Ubac lo otro, esta distracción resulta oportuna y nos permite esquivar las declaraciones finales, los últimos pasos que cada uno de nosotros, sea cual sea el brebaje, no se atreve a dar para decir unas verdades tan compulsivas que deberían notarse, pero que necesitarán una palabra, unas cartas, un gesto, unos centímetros para estallar en la realidad. Ubac no se rebela contra este protagonismo, y nosotros, una y otra vez, no pasamos del juego de los corazones que laten y los ojos que miran; entonces todo en orden. Líbreme la vida de que llegue un día en que, estando al lado de esta mujer, mi único desvelo sea no olvidarme de los yogures cuando voy al súper.

Mathilde y Ubac juegan juntos: dentro, a fantásticos trucos de prestidigitación; en el jardín, a perseguirse corriendo; ambos tienen un gran corazón. Se pasan así casi toda la noche, las pocas veces que nos encontramos con Mathilde, durante el reposo, nada se me concede. Los observo, se llevan bien, era lo que yo quería. El mismo vigor, la misma sed de captar el instante, la misma atención alegre hacia el otro, sin preocuparse del ruido. ¿Cómo hacen los perros cuando ríen a carcajadas? Ubac tiene la lengua colgando y lo llena todo de baba, Mathilde tiene arañazos en las dos mejillas, no es muy femenino y le queda bien. Me gusta mucho que no le hable como a un niño de tres años, no mimarle es señal de consideración. Ubac, por su parte, está un poco distinto. Más virulento, más apabullante, más macho, muerde y molesta, y un momento después se refugia, miedoso, entre mis patas a modo de barrera. ¿Es su edad lo que le cambia o la presencia de ese ser distinto? Parece querer decirle bienvenida, quédate con nosotros, por favor, pero a la vez es como si le preocupase que ella le robe demasiado tiempo de su existencia. Él, que presiente los destinos antes de que se manifiesten, parece haber comprendido que todos estamos en una encrucijada de nuestras vidas.

Por la mañana temprano se han quedado dormidos, cansados por fin de jugar. Mathilde apoya la cabeza en el puf negro, el resto del cuerpo sobre la alfombra; nos acordamos de cada una de las cortas noches sin somier. Ubac también, puf y alfombra, con la pata delantera posada en el brazo de la visitante, la garra encima como diciendo: «No te muevas». Hago café, filtro de papel de cocina, fuerte, muy fuerte, ya descansarán los estómagos el lunes. Mientras observo a esos dos durmientes me digo que todos los amaneceres podrían ser así, que ningún amor anula a otro, es justo al revés. Y, si Mathilde y yo hacemos un trecho del camino al infinito, entonces alguien distinto de mí se acordará de Ubac y sabrá decirle al mundo qué clase de perro era. Como testigo solo se me ocurre ella.

La noche de esa mañana hicimos el amor sin que eso echara a perder nada.

# 13

Los primeros meses solo nos veíamos los fines de semana y durante las vacaciones; la Educación Nacional hace oídos sordos a la necesidad de estar juntos. ¿Eso es bueno o malo? Este año nuestras zonas, la A y la C, porque es así como el turismo corta Francia en rodajas, comparten una semana.

En Le Revoiret, Ubac se alborota cada vez que llega Mathilde en su 306 Équinoxe rojo. En el umbral de su puerta Jacqueline y André la reciben con menos saltos, pero con el mismo calor; saben mejor que nadie que una vida entre dos es más llevadera. Tchoumi acude a ver qué pasa y suelta una especie de aullido de labrador que podría expresar alegría. André llama «hija mía» a Mathilde y le da un abrazo. La suya, monja benedictina del convento de Sainte-Cécile, ya no recibe este tipo de efusiones. Ubac salta, corre, se da la vuelta, aúlla de alegría por volver a ver a ese ser cariñoso, se sienta entre los dos, una mano de cada uno empieza a acariciarle y una vida de tres se instala con suavidad, interrumpida y ostensible. Aunque Ubac parece contento con el giro de los acontecimientos, no olvida expresar su gusto por la exclusividad con una clara regresión: volver a hacer sus necesidades dentro —con preferencia por la puerta de nuestro dormitorio a primera hora de la mañana—, descubrir una sólida pasión por la coprofagia, morder resueltamente unas cuerdas de escalada, rascar el pladur hasta los rieles y otros ataques de celos destinados a recordarnos cuál es su lugar y el temor a que se disuelva en el tres. Antes de firmar por una fidelidad plena y una entrega constante, un perro puede dar a entender, en el mismo día y a la misma persona, que su presencia le encanta pero que tampoco le importaría que se largara con viento fresco.

Varias veces, en esta relación incipiente, nuestros cuerpos llenos de deseo nos llevan a hacer el amor sin previo aviso en lugares accesibles a la curiosidad de Ubac, retozos que perderían intensidad si hubiera que planearlos o aplazarlos para alejar de allí al boyero bernés. Resulta inquietante, por no decir cargante, sentir la lengua rasposa de un cánido en las plantas de los pies en pleno ejercicio aplicado y vehemente del amor, pero en las vidas sin planificación ni barreras todo se entremezcla con más o menos armonía u oportunidad. Aunque el malicioso doctor Sanson me explicó que en una jauría solo los dominantes tienen una sexualidad pública, le pregunté a André dónde estaba la llave de la puerta entre el garaje y el jardín para asegurarme, de vez en cuando, de que la única parada nupcial que Ubac pudiera estudiar fuese la de las ranas del parque.

A final de año trasladaron a Mathilde al sur, zona B, pero no adelantamos nada; sigue estando a cuatrocientos kilómetros del que sería nuestro campamento base, pero en otra dirección y a otras horas de nuestra vida incipiente; está claro que la administración se ha propuesto evaluar la determinación de nuestra historia. Cuando algunos fines de semana se terminan, aunque ella no se atreve a pedírmelo, siento su necesidad de volver a esas tierras áridas con Ubac, como para llevarse una parte de nosotros y alegrar sus días atareados. Ubac, sin hacerse de rogar, salta al maletero del 306: da gusto ver con qué naturalidad se toma la vida este perro. En su gran corazón Mathilde y yo somos equivalentes. Con los asientos traseros abatidos, su cabezota iluminada por la luz del techo, se vuelve y me mira como diciendo que no me preocupe, y se van. Yo les saludo con la mano hasta que se pierden de vista en el recodo de las gallinas. Luego André, que nos dejó solos, él siempre discreto, me entreabre la puerta, «venga aquí, Cédric». Mientras da vueltas a su vaso me explica lo que son las lágrimas del vino, lo que dicen de su valor y cómo quita los males el machuraz. Es domingo. Lunes y martes son días de recordar, con su aroma persistente; jueves y viernes, los de la inminencia; el miércoles dura más de la cuenta. Ubac, me dice ella al teléfono, prefiere las montañas a este mar que aplana la vida. Luego la separación se hace insoportable; no pasar ningún minuto distanciados, ese es, en definitiva, el plan.

Es propio de la felicidad sugerir a quienes se entregan a ella que sacrifiquen todo lo que no la nutre directamente. Lo primero que se nos ocurre es la carrera, sabremos hacer de la vida algo más que subir sus escalones. Mathilde despotrica contra la institución, que hace todo lo posible por socavar nuestra idea, tan sencilla, de felicidad. Hace la maleta y viene conmigo, en contra de las leyes de la vida trillada. Hay una edad en la que crees que puedes doblegar el mundo para adaptarlo a tus carencias y a tu agitación interior hasta que ceda; el reto de una vida es lograr que esta pretensión, enfrentada a la sensatez, se apague lo más tarde posible. Mathilde y yo abrigamos esta ilusión lo mejor que podemos, navegando, dos sin timonel, entre ingenuidad y convicción. Viene conmigo, con las bolsas llenas, y vivimos en casa de André y Jacqueline a tiempo completo, deliciosos momentos en los que nunca nos perdemos de vista, con las llamadas del rectorado como únicos nubarrones, oficina B124, la señorita Aguafiestas nos informa de todas las faltas cometidas y diligentemente sancionadas, menos dinero, reprimendas, la administración es un motor de dos tiempos: lento si te debe algo, veloz cuando se trata de regañarte. Este encanallamiento nos une más aún, y la alegría de estar juntos borra todo lo demás. Como si quisiéramos desafiar aún más las líneas rectas, a nuestro alrededor nada es estable pero compramos una vieja cabaña de montaña en un lugar llamado Le Châtelet, perdido en los bosques y praderas de Beaufortain, lejos de todo, incluido el trabajo, sin agua, sin electricidad, con las tablillas del tejado carcomidas, invadida por las zarzas, tambaleante, pero orientada al sur, rodeada de zorros y ciervos, sobrevolada por cernícalos indiscretos, algo que ninguno de los tres consideramos secundario. Para unos seres que se están fusionando hay un movimiento suave y duro que es el retiro, y la naturaleza, aislante cómplice, lo acompaña a la perfección. Nuestras familias respectivas alucinan con nuestras ocurrencias, pero ya somos mayorcitos; dicen que estamos pasando nuestra crisis de adolescencia con treinta años y es una buena noticia: si todo en nuestra vida llega con retraso, la muerte también lo hará. Es un clásico de la psicología amorosa en todo su verdor: abundar en la irreflexión y desafiar las normas y expectativas, acumulando reprobaciones que, sin admitirlo, nosotros mismos hemos provocado, aunque tratemos de despacharlas con un desdén soberano. Entonces parece que todo se confabula contra nuestros sueños, cunde la creencia de que la tierra entera nos repudia y se refuerza la profunda convicción de que nos bastamos solos. Esta estrategia puede funcionar hasta que llega un momento en que el desorden de las vidas y la lucha perpetua dislocan la fuerza del núcleo en vez de aumentarla. Hay que cuidar el equilibrio.

Somos los tres, en la medida de lo posible.

Entre semana trabajo lo necesario. Mathilde y Ubac exploran el bosque que rodea Le Châtelet y al atardecer me llevan a ver sus descubrimientos: una cascada, unos níscalos o un claro con ciervas. A Mathilde la reprenden cada vez más, este bosque es un poco como su maquis. Yo me doy palizas de conducir pero me da igual: llegar a este fortín prevalece sobre todo lo demás. Los días se parecen, pero no se deja nada para mañana, caminamos cogidos de la mano, Ubac se cuela entre nosotros y agita con su hocico terroso los diez dedos entrelazados, a la vida ya no le pedimos nada más que esta fotonovela. Es algo que nunca se sabe cuando transcurre, y es mejor así, pero estos días rebeldes serán los más prósperos. El fin de semana salimos a escalar las montañas, escogiendo vías bajo las cuales Ubac puede esperarnos tranquilamente, para alegría y sorpresa de otros escaladores. Un día, en la Tête de Balme, llegó a trepar los dos primeros largos de 4b, esperándonos en una repisa de la pared, protegido del sol con una manta de supervivencia. La cordada siguiente creyó que era un yeti y se sobresaltó más que él.

El invierno también es un buen momento. Por la mañana Mathilde y yo esquiamos, después de comer retozamos en la cama y por la noche preparamos pasta al pesto. Cuando hacemos travesías de varios días, con pieles de foca en los esquíes, Ubac nos acompaña; dormimos en tienda, yo le digo que un alpinista tiene que llevar su propia comida, es una regla, pero acepto cargar con la suya porque por la noche nos recompensa con creces calentando nuestro habitáculo y nuestros cuerpos helados mejor que como lo harían los manantiales calientes de Monêtier. Se duerme al cabo de unos minutos, gruñe de placer e imita el ronquido de los hombres. Por la mañana noto en la mirada de Mathilde la fuerte sospecha de que ha habido un canto a dos voces. Ubac sale de la tienda tapizada de escarcha como si fuéramos a la playa, le abrimos el ábside y él aspira el aire. Le observamos con admiración; en estos rudos parajes solo necesita ser quien es y echar a correr, mientras que nosotros cargamos con kilos de plumón de oca y horas de preparación para sobrevivir en ellos, ¿de qué pasta está hecho?

Otras veces dedicamos el tiempo libre a la renovación de la cabaña, una obra cuya envergadura, evidentemente, no habíamos calculado, habida cuenta de nuestros precarios conocimientos y nuestros escasos ahorros. Ubac se queda dormido a medio metro del martillo neumático y de las paredes sin cimientos que se desmoronan, se tiñe el pelo de yeso blanco o aceite de linaza, desentierra objetos milenarios, como un detonador, y hace migas con un par de tejones, tan decidido como siempre a no complicarse la vida con nada que le cree desconfianza. Al caer la tarde, con un hornillo y linternas frontales, cenamos una sopa de diente de león y helado de vainilla bañado en chocolate para que su dulzor nos acompañe hasta la noche. Si aún hace frío en esta cabaña abierta a los cuatro vientos, bebemos vino. La vida es bella y para brindar por sus delicias basta con ser dos que se quieren. Luego llegarán las ventanas en vez de agujeros, luego la luz sin velas, luego la estufa y el agua caliente, y esa comodidad por etapas nos hará disfrutar de cada una de ellas como un salto en el tiempo.

Ubac está siempre con nosotros. Vayamos a donde vayamos, ahí está él; evidente y discreta, su presencia llega a desvanecerse. Este animalote se mueve con una agilidad tan silenciosa entre los cantos de las puertas, las patas de las mesas y otras patas anónimas que olvidamos que está ahí. Él lo sabe y con eso le basta. Y, cuando hacemos una parada en un restaurante, una estación o un prado, se amarra a nosotros de dos maneras: pone una parte de su cuerpo sobre nuestros pies, pues sabe que es lo primero que moveremos al levantarnos, o también, después de un rápido estudio del lugar, se coloca en la encrucijada de una posible evasión. En ambos casos parece la tranquilidad en persona, flanco y cabeza posados en el suelo, pero un ojo vigilándolo todo y el otro a nosotros.

Criar a Ubac de un modo que nos parece justo y armonioso podría sugerirnos la idea de tener un hijo. Uno de verdad, que hable, estudie y nos felicite en nuestros cumpleaños. Pero ni Mathilde ni yo lo queremos, cuántas veces habremos hablado de ello, encantados de que también en este aspecto nuestras ideas de la vida coincidan. No sentimos ninguna necesidad de prolongar nuestro amor con la creación de una vida, será lo bastante fuerte para perdurar solo.

Este perro no es un ser de sustitución ni de proyección. Ubac crece, envejece; en el convertidor de edades ya es más viejo que nosotros. Si hubiera sido nuestro hijo hoy sería nuestro hermano y mañana nuestro padre. Es absurdo pensar en estos términos, el respeto a nosotros mismos y a Ubac como ser vivo pleno aconseja rechazar confusiones de este tipo. Schopenhauer nombró heredero universal a su perro Atma. Aunque la idea puede parecer atractiva, en realidad creo que no hace honor ni a los hombres ni a los perros: humanizar no es lo humano en todas partes.

Tampoco lo vemos como un macho con collar azul cuyos músculos hay que tensar aún más, es una vida y hace lo que quiere con ella. En la naturaleza, libre de las estanqueidades de género, las hembras muerden, protegen, y hay machos que incuban. Ubac, sin embargo, no carece de identidad, forjada por su carácter y sus experiencias, y se le puede reconocer entre millones. Los tres juntos somos una pareja y una especie de álter ego, allí mismo y entre nosotros. Los tres juntos somos tres seres vivos, sin más. Un día, comiendo unos bombones, nos divertíamos con el simbolismo de los números explicado brevemente en cada envoltorio, cuando el número tres nos dejó boquiabiertos. Allí, en el papel plateado, estaban el perfecto equilibrio y la progresión del tiempo: ayer, hoy y mañana. Parecía dirigido a nosotros. A nosotros, ateos impenitentes, nos hablaba la trinidad.

Aunque algunos nos llaman familia, nosotros preferimos «manada», porque es un grupo donde no son necesarios lazos de sangre y se jura fidelidad, socorro y libertad sin ceremonias. Con esta coquetería de lenguaje nos sentíamos con derecho a adornar nuestra vida con el salvajismo que tanto le falta y, si dentro de esa manada los zoólogos se empeñan en descubrir al alfa dominante, digámosles que es nuestro sueño cándido de eternidad.

Esta mañana, en el Café Des Sports de Arêches, Félicien, su dueño octogenario, delantal azul con bolsillo, bloc espiral dentro, bic negro en la oreja, a quien siempre se le debe «cuatro cuarenta» sean cuales sean las bebidas que se pidan, me sirvió mi café sin azúcar, la felicidad de las costumbres y de la sensación de ser de aquí, amén de una escudilla con agua para Ubac. Sujetando la bandeja redonda de madera sobre el pecho, miró a su alrededor.

—¿No ha venido vuestra Mathilde?

Como no acostumbra a tratarme de vos comprendí que también se dirigía a Ubac y hablaba de un todo con ocho patas que para sus ojos expertos se mantenía más o menos en pie.

Qué reconfortante resulta.

# 14

También por eso es bueno que esté Mathilde.

Porque cada vez vamos más a la clínica veterinaria, demasiado para nuestra aspiración a una vida serena. Parece que para tener derecho a una felicidad duradera hay que pagar algunos peajes.

Ninguna consulta es ya despreocupada; la idea que me hacía de la navegación veterinaria se tensa. ¿Qué nos dirán esta vez?

El Ubac vulnerable se dispersa menos, no hace caso de los otros animales, ahí, pegado a nuestras piernas, un rato con Mathilde, el siguiente conmigo, como para esconderse en nosotros, para hacer que nuestras sillas retrocedan. Ya no tengo que esforzarme en llamarle, solo en calmarle, su cuerpo jadeante, su memoria enloquecida nos suplica que nos vayamos de ahí y volvamos a la vida tranquila. Es un miedo al cubo, el suyo y el nuestro. Cómo me gustaría haber venido solo para una simple vacuna. Esas consultas en las que íbamos confiados no quedan tan lejos, eso fue ayer y ya querríamos volver a aquello, las vidas cortas muestran pronto el mal del tiempo. Hay que contarles a los expertos cualquier pequeña anomalía, ya nada ronronea, todo brota, la eventualidad de que sea algo malo pasa a primer plano, el haber tenido razón al alarmarnos da pie a las siguientes alarmas. Ningún veterinario nos dice ya que está creciendo, dicen que está envejeciendo. Por suerte, la vida, como un río, es una oscilación, y entre los miedos hay zonas de mejoría, de buena salud, y llegamos a olvidarlos. Por suerte, a los momentos de pánico les suceden las alegrías tranquilas, sublimadas por lo que ahora sabemos demasiado bien de ellas: su fugacidad.

Otras veces, sin avisar, la embarcación choca aparatosamente con un obstáculo. Falta poco para que todo zozobre y se disperse por la corriente. Ubac está ahí, postrado en la terraza de Le Châtelet. Son apenas las ocho. Por lo general los reencuentros matutinos son efusivos, las noches caninas vuelven a poner los corazones a cero. Me siento en el umbral, Ubac el carnal no viene. Querría hacerlo, pero su cuerpo está paralizado. Voy hacia él, me doy cuenta de que es grave, llamo a Mathilde. Apenas le rozo los flancos él aúlla. Sus ojos nos dicen que no sabe y que solo estamos nosotros, trato de que no note mi miedo, lo tomo en brazos procurando no lastimarle otra vez. Subimos veintiséis escalones hasta el coche, apenas siento su peso, la última tabla de madera carcomida cede y casi le suelto. Hay que conducir deprisa y sin brusquedad; por el camino llamamos al veterinario de guardia, es sábado. En la clínica la calma del doctor Wicky apenas nos tranquiliza. Después de una radiografía y de una ecografía el diagnóstico sale de no se sabe dónde: rotura del bazo, peritonitis, principio de septicemia, muerte inminente. Esta vez hablamos de minutos. Una auxiliar veterinaria ha llegado a toda prisa, de inmediato se organiza una cirugía. «Les llamaremos por la tarde». Y nosotros, solos y callados, en la sala de espera. ¿Le hemos dicho adiós como es debido?

No podremos ver a Ubac hasta dos días después. En su jaula. Es un herido de guerra, con la mitad del cuerpo rasurada, cosido de arriba abajo y con quizá cien grapas. Nos vemos como si fuera la primera vez, él gañe con alegría quejumbrosa, tengo miedo de que le estalle el vientre. No quiero llorar, pero lloro todo lo que no he llorado antes, cuando creí que era el fin. Siempre son esas mismas lágrimas a destiempo, en nombre del sufrimiento del mundo, que vacilan un poco, se atascan un momento detrás de la nariz y luego se desentienden e inundan; ¿quién clasifica los motivos de estar triste? Ubac lame mi pena a la altura de los párpados, el sabor de la sal y del amor. Podremos llevárnoslo dentro de dos días, ¿dirán que sí si les pedimos quedarnos a dormir aquí? Le hemos traído una morcilla para reemplazar ingenuamente la sangre. Se levanta con dificultad pero está un poco mejor, su mirada de siempre ha vuelto, como el sol al borde de una nube, aún no es brillante pero la vida ya se calienta en ella. Lo mismo que puede romperse en dos suspiros, una mañana clara de primavera igual que las siguientes. Lo sabemos, pero lo olvidamos. Si no hubiera estado nadie en la cabaña esa mañana, habría muerto. Si nos hubiéramos levantado una hora más tarde, habría muerto. Si Wicky no le hubiera visto, habría muerto. Hace falta mucho para vivir.

Por supuesto, estas urgencias se presentan los días festivos o los fines de semana, esas horas que se pagan el doble, pero me da lo mismo. Los problemas de dinero no tienen nada que ver aquí, hay mil menudencias a las que podemos renunciar. Es conmovedor observar a esos dueños de animales que, sin haber nacido en la abundancia, están dispuestos a dedicar una pequeña fortuna a sus perros, sus gatos, sus burros y otras ridiculeces, privándose de muchas pantallas planas, fines de semana en Mallorca y lo que para otros no sería negociable. Durante la crisis económica de 2008 muchos finos analistas de la vida de verdad predijeron que los chuchos y los mininos, como todos los pasatiempos, serían sacrificados en el altar de la elección. No fue así, el dinero siguió donde debía estar porque, si queremos llamarlo pasatiempo, no hay ninguno como amar a alguien distinto de uno mismo, esa cosa tan valiosa que no tiene precio.

El doctor Wicky ha salvado la vida de Ubac. En otra ocasión, con la hija de Ubac, será el doctor Forget (la operación más complicada de toda su carrera, nos dirá): horas y horas desprendiendo de su intestino los duros restos de una fregona.

Los veterinarios son seres superiores. No digo esto, adulador, para que el destino nos sonría, todo llega demasiado tarde. Es una simple realidad.

Operan un ligamento cruzado en ocho horas, un tumor intestinal en nueve, asisten a un parto en diez, detectan un parásito insondable en once, curan un glaucoma en doce y mientras tanto salvan a un atropellado, con las patas en ángulo recto, aullando y goteando sangre. Lo de la tarde tampoco se parecerá nada a lo de la mañana, y pasará lo mismo el día siguiente. Son especialistas en todo, cada uno hace lo que a duras penas lograría una cohorte de diez médicos, con pacientes incapaces de decir dónde les duele. Pasean sus brillantes competencias en medio de un bonito desorden que maúlla, ladra, apesta, canta, grita y nunca da las gracias. Por la noche se despiden de sus auxiliares, se montan en sus coches que no son de los grandes, ni negros, ni tienen una plaza de aparcamiento reservada al profesor Comosellame, y vuelven a su casa, lo más campestre posible. Mañana sus pacientes mudos seguirán allí y habrá que ejercer el oficio con la misma curiosidad humilde y diversa, algo parecido a la misma inteligencia.

Unas veces les veneramos como salvadores de Ubac o de algún otro, otras veces les odiamos a ellos y a sus funestos diagnósticos y su pequeño margen de error, tal es el lugar esquizofrénico que ocupan en nuestra vida. A menudo querríamos que nos dijeran algo distinto de lo que nos explican, su conocimiento del perro choca con lo que sabemos del nuestro. Puede que yo no sea experto en nada, pero lo soy en nuestra vida. A veces hago trampas y no se lo digo todo, así pienso que puedo orientar su diagnóstico y más en general la vida, pero detectan rápidamente la maniobra y te das cuenta de que haberles querido engañar ha sido una tontería. De todos modos me fastidia oírles decir que un perro no siente tal cosa ni piensa tal otra, que no ve el rojo, el rosa ni el naranja, que un husky es feliz reventándose a correr con su amo gritándole a la espalda. ¿Quién se lo ha contado? ¿Acaso han sido perros siquiera una vez? Durante años entablamos esa extraña relación con un veterinario al que llamamos alegremente «el nuestro», un vínculo tanto más dudoso cuanto que se presta a interpretación. El principal interesado no dice ni pío, dejando al hombre que le quiere la opción de averiguar las señales que le convienen, una mirada más viva, un paso más ágil, una sopa aceptada, un cielo estrellado, corazonadas que tarde o temprano deberán confrontarse con los veredictos de un análisis de sangre o de un contraste ecográfico, y es el veterinario quien carga con el papel detestable de ponerte delante de la dolorosa realidad. Otras veces esa realidad se alinea con tus plegarias, y es un alivio.

Así es como estos doctores de verde ocupan nuestros días, y en medio de tantas alegrías y penas surge inevitable, latente, la cuestión del final. ¿Hasta dónde habrá que llegar? Un día, eso lo sabemos, el río se detendrá, ninguno es infinito. Ya habrá arrastrado bastante tierra. El capitán Ubac y su tripulación llegarán al mar, esperemos que la navegación sea tranquila, las desembocaduras a veces son caóticas. La armadía verá ante sí esa inmensidad, más grande que todos nosotros juntos, con superficies luminosas, pero inmensamente oscura, y entonces habrá llegado el momento de preguntarse sobre la conveniencia de seguir. Los hombres ya se plantean para ellos si optar por el amor o la indecencia, pero para el perro la decisión se toma más deprisa, imparable, ya que interpretamos a nuestra conveniencia las últimas voluntades del animal y nuestra propia definición de lo aceptable; el silencio desorienta tanto como ayuda. Un día, lo sé, aunque nos hayamos resistido, estaremos ahí, en una sala un poco apartada y más oscura que las demás, Ubac, el doctor Forget u otro, Mathilde y yo, haciéndonos la maldita pregunta y teniendo que decidir, solos, con una jeringuilla de pentobarbital a mano, por qué vale la pena vivir. Un día u otro todas las armadías zozobran y la madera se pudre. Nosotros susurraremos. ¿Es mejor así que una muerte súbita en plena carrera detrás de una liebre? Ojalá lo supiera. Ubac debe de tener su propia idea al respecto.

Por ahora no nos hacemos la pregunta. La rechazamos con vigor y confianza en la vida, nos negamos a que aparezca tan pronto. Este perro tiene seis años, supuestamente está en la mitad de su vida, pesa cuarenta y dos kilos de una carne tónica, sus dientes tienen poco sarro, su ladrido llena el eco de los valles y domina el mundo. Salimos de la clínica. Hoy he acompañado a Ubac para retorcerle el pescuezo al destino; desde hace unos meses, cuando Mathilde lo hacía por su cuenta, volvía con buenas noticias; cuando me sumaba yo los anuncios eran más sombríos. No era cuestión de poner una vida en manos de la superstición ni abrumar a Mathilde con el peso de los resultados prometedores. «Solo es una mala digestión —me dijo Forget—. ¡Ubac debió de tragarse un trozo de carne en mal estado! No se alarmen, pasará como ha venido». Ojalá.

Y, cuando me dispongo a salir de la clínica, el doctor Forget me acompaña, algo que no hace nunca porque aquí solo se habla del corazón de los animales. Me dice algo así:

—No tiene por qué avergonzarse. Ni de sus alegrías, ni de sus temores, ni de sus penas. Esperar que los demás los comprendan o los acepten es una pérdida de tiempo y un insulto a su historia con Ubac. ¡No haga ningún caso!

Le contesto con un gracias lento, se lo prometo, no haré caso de las opiniones contrarias. Y añado una frase clásica de los finales de consulta: no le digo hasta pronto pese al placer de volver a verle.

Y nos reímos, convencidos de haber hallado el modo apropiado de no temer las desmesuras y conformarnos con la vida que hemos escogido.

# 15

He probado con «recógelo», «atrápalo», «tráelo», y no hay manera. Por muy estimulante que sea el tono, ni se inmuta. Estatismo absoluto de mi compañero.

En cambio, basta un prometedor «¿Vamos *a pasear?*» susurrado a media voz, para que la vida se agite hasta el vértigo. Esta palabra es la suya, la del entusiasmo. Entonces, formadas por veinte músculos, cada uno en su sitio y listo para prestar atención, sus orejas se levantan, solo una los días perezosos, y sus ojos se abren con incredulidad. Como si la propuesta fuera insólita. Su tren trasero se alza como movido por un resorte, el resto del cuerpo se estira con un jadeo de adhesión, luego nos sigue a todas partes por la casa, pegado a nosotros, enredándose en nuestras piernas, sorteando los obstáculos con ardor y ladrando por miedo a que olvidemos nuestro plan; sabe que las promesas de los hombres son volátiles. Si no basta con eso, corre en busca de su correa, que nunca utilizamos, pero ¿qué otro objeto puede expresar por sí solo su entusiasmo? Entonces nos ponemos en movimiento; la etimología de «emoción», a fin de cuentas, no es más que eso.

Un millón no sé, pero miles de kilómetros recorridos juntos, eso seguro. Y, aunque es un hecho que la mayoría de los recuerdos se borrarán, sé que, llegado el momento de rumiarlos, los de las horas que mi perro y yo hemos pasado deambulando por el campo serán los más perdurables. Pistas, caminos, senderos, trillados o agrestes, bosques espesos, prados pelados, orillas de ríos, trigales, rodeos de lagos, colinas suaves, cumbres absolutas, glaciares, parques, parcelas, nada de particular entre viñas o pantanos, revolcaderos sucios, suelos secos, hierbas altas, hojas secas, rocalla, polvo, barrizales, nieve, lluvia, calor, la escarcha o el *foehn*, la salida del sol, su puesta y la noche, unos minutos o varios días. Por todas partes salvo en las islas, aunque las montañas en cierto modo lo son. Un sinfín de pasos comunes.

Ya nos apresuremos o nos demoremos, Ubac siempre va delante. Para despejar el camino y sortear los peligros, asegurarse de que no se le escape un mendrugo de pan tirado o vigilar las espaldas, solo él sabe lo que esconde ese lugar. Cada diez metros se da la vuelta para comprobar que le seguimos y reanuda su escapada. Una vez fijado más o menos el rumbo, culebrea, al fin y al cabo el perro es como nosotros: se imagina que los tesoros están en la otra orilla. Cuando hace eso, sabiendo lo poco que le gusta mojarse, sus devaneos me resultan cómicos. Siempre explora a nivel bastante bajo, su trufa rastrilla el suelo, parece que va a tropezar con los árboles pero eso no sucede nunca, ni siquiera en los atardeceres de colores apagados, y cuando levanta la cabeza quiero creer que los horizontes le encantan. En cada encrucijada, real o simbólica, nos espera; a veces, para provocarle, Mathilde y yo seguimos la otra dirección, pero él sabe que no tiene sentido. Ladra por ladrar y todo se arregla.

Si me divierto adelantándole, se pone a trotar y me lanza desde su altura una mirada de reproche; si insisto, pasa al galope sostenido, me deja muy atrás, ya está bien de bromas, pero sin perderme de vista. Solo algunos días de invierno consiente en quedarse detrás, total, que sean sus amos quienes arrastren los pies por la nieve en polvo.


Allá donde nos encontremos, la cuestión es la misma: ¿por dónde paseamos?

A veces es evidente, el verde que nos rodea está en todas partes, en la casa y en la vida, la mayoría del tiempo. Otras veces tenemos que usar ardides, olfatearlo, pisarlo, solo hay carretera, aparcamiento y rotonda, un suelo gris pardo con rayas pintadas, abrasador y sin aire, ¿a esos lugares también los llaman «paisaje»? Vivir en compañía de un animal es tomar nota de que la tierra se divide en dos zonas: donde puedes acariciar su carne y donde la han amordazado con asfalto. En las ciudades, países de esquinas, hay que buscar mucho. Nos hemos vuelto expertos en encontrar trozos de vegetación, sobre todo Ubac. Percibe fácilmente los lugares donde la ciudad respira y me lleva hasta allí: improbables lomas de hierba encajadas entre dos aparcamientos subterráneos, alamedas tupidas, privilegio de ayuntamiento, un arriate de obstinadas malvarrosas que desafían el pavimento de Ré y recuerdan las malas hierbas, restos de huertos obreros que aparecen detrás de una esquina, con un cartel promocional en el que unas personas dibujadas tienen aspecto feliz, con lechugas en sus balcones. Sigue flechas invisibles que indican esos alvéolos y el camino a lo orgánico en pleno centro de las ciudades; lo desconocido le resulta extrañamente familiar. Pero, por lo general, tenemos esa suerte, nuestros deseos se cumplen y hay extensiones de verde para sumergirse en ellas con la imaginación como único límite. Entonces vamos allí a «pasearnos», quede claro, porque nadie pasea a otro, es algo equilibrado.

A lo largo de nuestra jornada, más o menos planeada, se abrirá esta pausa. Un paseo. Pasear, pausar, casi las mismas letras para invocar la poesía del mundo. Una mano perpendicular a la palma de la otra, tiempo muerto que agarra la vida y suspende todas las demás tareas. Ubac y yo. Mathilde y Ubac. Ubac, Mathilde y yo. Un invitado. Aunque este perro vive en pleno centro del bosque y es libre de irse por su cuenta, habrá un movimiento compartido. Siempre. Por el viejo camino de Manons, detrás de la cabaña, cuando tenemos una prisa tonta; en el bosque de Quatre Sous durante una o dos horas; a cualquiera de los picos alpinos los días de mucha libertad. La idea es invariable: saber adónde se va pero perderse a propósito, algo así como un vagabundeo lúcido y dejar que el más adelantado decida. Lo que cuenta no es tanto el tiempo disponible como el ritmo de la marcha, Ubac, y creo que todos los perros, no entienden que nos apresuremos, ¿no queríamos disfrutar de este momento? Si solo dura diez minutos porque la clepsidra del día no te permite más, hay que dar la impresión de que podría durar una vida. A Ubac le es indiferente que vayamos hasta el final de la pista de Pellaz, donde hay una preciosa vista de Pierra Menta; en general, le es indiferente lo lejos que se vaya, prefiere que el paseo dure y, si no se puede, al menos que caminemos con calma. Solo cambia de velocidad en el último momento. Cuando volvemos de una caminata, apenas entreabro la puerta se cuela dentro de casa encogiendo la cabeza; excepto los primeros de la clase, todos los perros hacen lo mismo, como si les persiguiera un carnicero chino.

Lo importante es estar juntos. Las pocas veces que no está con nosotros porque se ha quedado con mis padres o en otro exilio de lujo, Mathilde y yo ya no tenemos tantas ganas de pasear. Como buenos deportistas dopados con endorfinas, nos agitamos, pero pasear, así sin más, gratuitamente, un pie tras otro, eso menos. Nos falta el alegre pretexto de ver a Ubac corretear de un lado a otro. Un perro con vocación de protegernos de la inmovilidad es un antídoto contra la fosilización. No debemos confiarnos, es algo que mata a ancianos; llega el día en que su perro muere y salir se vuelve triste, inútil y penoso. Entonces, privados de vitalidad y de su anticongelante, ellos a su vez se detienen.


Caminamos con Ubac por la Crête des Gittes. No es muy ancha, el precipicio da miedo, pero él nunca se caerá. El panorama es sutil, grandioso, se ven las lagunas de Roselend y Gittaz, el Mont Blanc está ahí, esplendoroso, y las marmotas silban en coro. Ubac, desde que logró poner la pata sobre una de ellas, entumecida por cinco meses de hibernación, cree que puede atraparlas a todas. Ellas no parecen tener mucho miedo; si una bella durmiente se deja atrapar, un boyero bernés que nunca sabe qué hacer con la violencia acabará soltándola, como la anterior.

No es solo el paisaje lo que nos gusta tanto. Es esa unidad de lugar, tiempo, gozo y acción, que forman un todo. Cuando Ubac se pone a roer un palo me parece que se siente feliz y de rebote yo también, pero no se me ocurre imitarlo. Cuando me junto con unos colegas y nos echamos unas risas con una o varias copas de borgoña, Ubac se alegra con nuestras carcajadas, pero no trinca. Nuestras alegrías pueden coincidir, pero difieren en lo que las inspira y en el momento en que surgen. También sucede a menudo con los hombres: nos alegramos para el otro, por el otro, un poco antes o justo después. Pero en las caminatas, seis u ocho patas pisando el mismo suelo, estos desfases se armonizan, nuestras satisfacciones, creo yo, son equivalentes y simultáneas, la felicidad vibra al unísono, cosa rara.

Aunque la lluvia le cierre los ojos, aunque el viento le azote las orejas, aunque su hocico, por la puerta entreabierta, husmee los humores del cielo, a Ubac el mal tiempo le tiene sin cuidado. Un perro no se para en buscar significados: si llueve, llueve, ¡y ya está! Salir pase lo que pase es una idea superior a todas las demás. Por mi parte, yo miro por la ventana, bastante preocupado, escudriñando, esperando a que escampe, me emplumo con tal o cual tejido según los cambios del cielo y por temor a que me castiguen. Él espera a que se abra la puerta y sale desnudo de dudas, de enero a diciembre. Realmente, hay que tener una relación especial con la intemperie para anhelarla con tanta constancia. Lo veo fornido y me siento enclenque, le veo estanco y me siento permeable. Es de otra pasta, envidio su vigor sencillo, su dureza suave. Al principio me llevaba un paraguas, era patético. Luego un impermeable último grito y terminaba empapado, con los hombros encogidos por la humedad fría, rogando que Ubac se cansara y decidiese volver pronto junto a la estufa de leña. Hoy, no estar siempre bajo el cielo azul de una postal ya no me importa tanto, un perro me ha enseñado a disfrutar de la intemperie tal como se presente, a encontrarle, si el tiempo está revuelto, un carácter, una estética suplementaria, porque a fin de cuentas, como todas las cosas, no es más que el uso que hacemos de ella. Hoy en día, si tuviera que escoger uno solo, me inclinaría por el cielo azaroso. Pasa como con la vida, si fuera siempre radiante o plomiza uno acabaría cansándose. Temblando por sus variaciones, apreciamos cada una de ellas.

Caminar con un perro depara muchas otras enseñanzas. ¿Acaso no buscaba inspiración Aristóteles mientras deambulaba por su escuela de paseantes?

Nunca imaginé que la proximidad y la repetición fuesen tan emocionantes. Casi me da vergüenza cuando vamos por centésima vez a remover las hojas secas del camino que está debajo de la casa, «la salida de los tres ríos», como la hemos llamado, el camino que recorrían los escolares del siglo andariego. Él conoce todos sus recodos, el haya caída antes del arroyo, el esqueleto de bicicleta al pie del puente, el oratorio invadido de espinos, veinte minutos ida, el doble la vuelta —es así en las cuestas de montaña—, olores parecidos, a veces un corzo, el de la pata oscura, solo cambian las estaciones, apenas lo hacen los matices. Me gustaría verle correr por el circo de Gavarnie, por los prados salados del monte Saint-Michel o *tra mare e monti*, pero ¿a qué viene ese afán por lo extraordinario? A él no le importa. Le basta con vivir. Una minucia puede ser su lugar, su momento, la constancia no le oxida la vida porque no hay tal. Ubac tiene el don de convertir la rutina, espectáculo tedioso para mis ojos caprichosos, en una experiencia placentera y que hace que uno esté siempre disponible. La repetición me cansa y a él le convence. Pintar bien lo cotidiano captando aquí y allá sus pequeñas variaciones, prestar una atención elegante a la costumbre, no es poca cosa y hace más alcanzable la felicidad. Ubac me enseña que una vida que la tiranía de lo insólito podría considerar rebajada a las pequeñas ambiciones es en definitiva la más sutil de todas, y que empeñarse en huir de la trivialidad es, en última instancia, su forma más lograda; de modo que ¡adelante con la ida y la vuelta de los tres ríos, ese tratado sobre la impermanencia y el gran baile de las vidas comunes!

Que el instante merezca detenerse en él. Es un poco cansino oír a los entrenadores del bienestar y de todo en general exhortándonos a sorber el tuétano del instante presente, a no olvidar reprochárnoslo si no lo hemos hecho antes y obligarnos a hacerlo después, cantando las alabanzas de una vida intemporal en la que, a fin de cuentas, solo se habla del tiempo. Suele ocurrir que estos predicadores de una vida color de rosa tengan el semblante gris, con lo que su único logro es que nos encante hacer más o menos lo contrario de lo que consideran beneficioso. Ubac, cuyo único *planning* es el instante, me inspira, es otra cosa. Ir a Roche Plane no es impacientarse por llegar al sendero final entre arándanos desde donde hay una vista magnífica del valle de Albertville, ni tampoco mirar de dónde hemos salido ni enfocar los prismáticos al Mirantin, donde podríamos ir mañana. Es estar ahí, en esa revuelta del camino, esos tres guijarros, esa nube y esa encrucijada de segundos que merecen que les dediquemos un poco de nuestra vida desordenada. Al saborear cada uno de sus minutos es como si la vida se alargara. Por lo general hace falta que asome el olor de la muerte para que por fin le prestemos atención al instante, pero aquí, comportamiento mágico inspirado por un chucho jadeante, el ardoroso triunfo del presente abona con facilidad una vida espléndida.

Porque uno de los mayores placeres esta vida, una de las sales es la incertidumbre. Cuando Ubac ve que me calzo las zapatillas grises, ya lo sabe, las probabilidades de que salgamos juntos se disparan. Si es la mochila verde, se vuelve a acostar. Y refunfuña un poco. Las más de las veces más neutras no sé en qué indicios se basa: una mirada, una actitud, algo invisible, pero por mi forma de coger las llaves de la furgoneta, de poner la mano en el picaporte sabe si lo llevaré o no. Hasta ahí llega su previsión. Si es un viaje, ¿adónde iremos? ¿Al pueblo o a la otra punta del país, a Villard o a Paimpol? ¿Durará una hora o diez días? Da igual, su adhesión es inmediata, su entusiasmo también, un perro no pierde el tiempo augurando. ¿Dónde más vemos eso? Estoy rodeado de hombres que quieren saberlo todo, hasta la ocupación de su libertad; dónde estarán dentro de trece días, cómo será la vista, qué han dicho los demás del tiramisú y de la ropa de cama, qué inconvenientes pueden surgir con el horario. Que no les pase nada, ese es el plan. Ubac no dedica ni un segundo de su vida a tratar de reducir la incertidumbre, no tiene forma de hacerlo y estoy convencido de que tampoco le apetece. No espera nada y eso parece de lo más eficaz para que le pasen muchas cosas. Es como viajar de espaldas en el tren, no te resignas, nada es pasivo, surgen maravillas y nunca te decepcionas. Y si mi condición de ser humano, por no sé qué endebles razones, me impide sumergirme en cuerpo y alma en una vida de trazado desconocido que se descubre conforme pasan sus minutos, me apunto a la definición de aventura que, sin saberlo, me ha dado Ubac: acceder a las riquezas de lo imprevisto y, en la medida de lo posible, ignorar.

Y está eso muy cerca de no esperar nada, de no temer nada. Dondequiera que vayamos, cualesquiera que sean nuestros planes, coger junquillos o saltar por encima de las grietas del glaciar, la respuesta de Ubac es siempre la misma: «sí». Asiente, se adelanta y sigue. Su confianza en mí es espontánea, absoluta y renovable. Entonces, por supuesto, como dicen los presidentes los domingos de conquista, esa confianza me honra y me obliga. Sobre todo me parece admirable, porque no obedece a un defecto de inteligencia, de lucidez o de arquitectura cortical, ni tiene que ver con la ingenuidad o con una especie de abandono en mí, que alguien podría llamar un abandono ciego cuando en realidad es la mirada más aguda que hay. No, es sin duda una cosa suplementaria, lúcida, sopesada y después concedida, una dimensión que no he llegado a vislumbrar en el hombre y que yo tampoco poseo, aunque tengo su brillo justo delante. Una capa más de audacia, eso es lo que este perro tiene en su pericardio, una anomalía del corazón que repercute en mí. Porque, cuando crees en un ser que cree hasta tal extremo en ti, cuando parece que una vida estimable te estima, entonces encuentras, asombrado, razones de peso para verte como alguien más o menos válido. El día que su corazón descarado considere llegado el momento de rendirse, no sé en qué otro ser de carne y hueso podré hallar la centésima parte de ese elogio y la milésima de ese entusiasmo; lo que tengo por seguro es que hará falta otro milagro.

Durante nuestras caminatas, si estamos solos, le hablo a Ubac. Mucho.

De las grietas del corazón y sus vendajes, del tamaño aceptable de los compromisos, del anhelo total de libertad, del vértigo de ejercerla, de los patanes y las personas formidables, de la certeza tambaleante de estar en mi lugar, de cómo le va. No me dejo mucho en el tintero. Ubac lo sabe todo de mi vida, y no sé a través de qué fluido corporal sabe mejor que yo cómo estoy. Hablarle a alguien que no te contesta o lo hace tan poco que continúas hasta desnudar tu alma; tal vez esas vulgares sucesiones de pasos tropezando en las raíces y en los tréboles surten el efecto de una cura. Si se trata de hablar de ti sin hacer trampas ni mirarte al ombligo, puede suponer un gran alivio. Es verdad que en estas andanzas, rodeado de un ambiente tranquilo, todo invita a presentarte mejor de lo que eres, nada te frena, te explayas, qué bien sienta decir quién eres. Luego algo como un «oinc» o un fuerte suspiro sale de su garganta, como diciendo: «Ya vale por hoy».

No deja de sorprenderme, con una mezcla de alegría y preocupación, que estos momentos de libertad, de silencio y de naturaleza sigan siendo gratis; algún día el mundo de los bitcoines sabrá que los valores más altos están aquí. Caminamos a orillas de los ríos, bajo la lluvia si hace falta, alegremente juntos, desquitándonos de las jornadas laborables cuyas rencillas resbalan sobre nuestros cueros; entre dos somos más impermeables. No hay exposición más agradable que cubrirse con esta compañía cuya magia aún no he descifrado: el otro está ahí ayudándonos a disfrutar aún más de este momento de soledad que se puede compartir, como he descubierto tardíamente. Lo único que hay que hacer es andar, preocuparse como mucho del paso siguiente, la vida está ahí, a la vuelta de la esquina, pero hay que deshacerse de unos cuantos trastos: unos vecinos cotillas, una nota administrativa, el precio de los neumáticos de nieve. Les deseo a todos que acudan a estas geografías del esparcimiento: se recupera el control sobre el tiempo huidizo, las ideas se ajustan sin decir nada, se nos ocurren algunas respuestas a las dichosas preguntas que nos hace la vida y entonces ocurre la magia: al regresar de esos paseos, conseguimos relativizar aquello que nos preocupaba. ¿Sería lo mismo si paseara solo sin que hubiera alguien que me abriera el camino, sin este perro desbrozador? Para saberlo necesito volver.

Después de varios hectómetros, por deferencia hacia Ubac, que también tiene derecho a reclamar una vida interior, me callo. Uf. Entonces empieza otra etapa, la de la coexistencia silenciosa. ¿Hay algo mejor que el silencio para unir a las almas? A los hombres no nos gusta mucho el silencio, desdeñamos sus servicios, no sabemos cómo manejarlo, nos recuerda demasiado a la muerte, para encubrirlo charlamos, puede ser agradable, pero, como todo ejercicio de salvaguardia, a la larga resulta agotador. Pues bien, no hay presencia más deseable. Si te callas, tu perro no te lo reprochará, no lo achacará al tedio, al malestar ni a la degradación de vuestra relación; aceptar este silencio entre los dos es el mayor de los placeres. El día en que un investigador chiflado descubra el truco para dar la palabra a los perros, Ubac y yo no estaremos ya en este mundo y más vale así, porque ya no habrá pensamientos mudos. Aquí, silenciosos, en el murmullo de Marcôt o el jaleo de la Tête d'Or, una especie de dulce burbuja, espesa y fina, nos aísla y nos hace soñar. Así, semiinconscientes, la mente al ralentí, accedemos a una suerte de meditación móvil sin incienso ni factura. Luego Ubac ladra detrás de un mirlo negro y la burbuja revienta por todos lados.

Antes de dar media vuelta o cerrar el circuito, hacemos una pausa. Puede alargarse, porque al perro no le preocupa no hacer nada. Nos sentamos, alineamos las cabezas y, aunque creo firmemente que le da igual la panorámica, contemplamos juntos el horizonte, algo que en la montaña no es tan evidente. Le doy de beber de la boca al hocico, su precipitación me salpica, me lame la mejilla, yo le muestro mi agrado diciendo «puaj». El levante o el poniente son apropiados para este momento. La ruta de senderismo de Roche Parstire es perfecta para esto, se trata de alinear a lo lejos el sol con una cresta recortada, y este, al que creíamos inmóvil, desplaza su halo apareciendo o desapareciendo a toda velocidad, recordándonos que así discurre la vida. Le digo a Ubac: «Mira qué belleza» y, al recordar que cuando era niño me fastidiaba que un mayor me condicionase en su arbitraje de las estéticas, así fuesen horizontes, vuelvo a callarme. Aunque mencionar el poder de la belleza nunca está fuera de lugar, creo yo.

Antes de callarme de una vez me vuelvo hacia Ubac y le digo que él es mi nivel, me gusta decirle eso, mi nivel; los alardes y las ilusiones provocan una escora que estando solos cuesta percibir y corregir; en su mirada sé si estoy en equilibrio o me inclino, tener a mi disposición este reflejo incorruptible es una mira muy valiosa.

Es un instante poderoso, de una espiritualidad mundana, que sugiere la única definición comprensible del laicismo, cuando las cosas del espíritu y de lo sagrado no pertenecen a la religión. Ubac espera cortésmente y luego, con aire de haberlo entendido todo, vuelve al estudio de los troncos de abeto y al marcado metódico de su vasto territorio; le pregunto por qué no lo mea todo en un chorro, su jornada sería más ligera que con esos alivios ridículos, pero parece que él prefiere las paradas frecuentes (solo más tarde, cuando acuda como todo niño viejo al urólogo para conocer la brillante puntuación de mi PSA y tenga que contestar de sopetón a su pregunta: «Hábleme de sus micciones», tomaré la decisión de no molestar más a Ubac con estos comentarios, que seguramente obedecen también a mi envidia del vigor de sus esfínteres).

Algunas veces se queda pegado a mí, con la cabezota apoyada en mi hombro; entre chicos es raro y es nuestra manera de renegar de los homófobos. Otras veces su ternura es más interesada. Ha olido en uno de mis bolsillos un resto de bocadillo. Entonces se representa por milésima vez la danza de los ojos, estando ambos sentados y a la misma altura: me apodero del tesoro, lo muerdo mirando al frente, sé que me vigila, dejo de masticar, lo miro con el rabillo del ojo, Ubac vuelve la cabeza como si no fuera con él y estuviera entretenido con las sutilezas del cielo, y cuando me acerco de nuevo el pan a la boca él me mira de reojo. Repetimos el numerito varias veces, yo soy Laurel. Le ofrezco un pepinillo, lo escupe, un pedazo de pan, lo acepta, de queso, se regodea, el muy bribón sabe usar los ojos. En cada ocasión se gana mi bondad y la mitad del festín, pero jugar a no estar seguros le añade algo.

# 16

Una tarde de junio Ubac no quiso dormir en casa.

No le había ocurrido nunca. Por lo general se acurruca en el zaguán, maravilla de vigía. Esa noche no. Se tumbó al borde de la terraza, lejos de las paredes, lejos del castaño, lejos del hombre. Le llamé, no hizo caso, pensé que dentro hacía demasiado calor. Esa noche la tierra tembló despertándonos a Mathilde y a mí; eché un vistazo fuera, Ubac dormía plácidamente. «2,6 en la escala de Richter», titulaba por la mañana *Le Dauphiné libéré*; es una puntuación baja, pero desde dentro es bastante. Seguramente, después de estudiar detenidamente nuestras dotes para la albañilería, este perro albergó dudas sobre la resistencia del edificio. Pasaron tres años y después de cientos de noches de nuevo en el zaguán Ubac volvió a hacer lo mismo, buscando las estrellas como única compañía. Mathilde, bromeando, dijo: «¡Camaradas, estad preparados, esta noche la tierra va a temblar!». Al día siguiente *Le Dauphiné libéré* informaba de un 3 más contundente y del derrumbe de varios graneros centenarios. Él lo sabía. Así que este perro de vida muelle sería como los elefantes de Yala que presintieron el tsunami y huyeron. ¿Quién se lo dijo?

Aunque me gusta la idea de una naturaleza superior, de sus prodigios ajenos a la autoridad de las ecuaciones y del hombre echado a perder por el progreso, desconfío de su relato sistemático y perezoso. Cuando a Ubac le reventó el bazo me alegré de que el ingeniero de las ciudades hubiera inventado el teléfono móvil y la ecografía, y de que la abominable química hubiera detenido su hemorragia, ¿qué habría adelantado hablándoles a los árboles? Pero Ubac, en medio de esos árboles, capta lo que para mí es imperceptible. Viéndolo tumbado debajo del televisor podría perder de vista que es un animal y que como tal, sin aprender ni olvidar, está unido a la naturaleza, es ella. Como los osos o los armiños, nunca comerá amanitas. Nosotros, los superconectados, en la gran historia de las separaciones, hemos perdido la más halagüeña de las conexiones, cada paseo me lo confirma, dentro de poco los únicos cantos de pájaro que levanten nuestra oreja serán las llegadas de mensajes a la pantalla.

Este perro me está enseñando de nuevo a interpretar el mundo vivo que me rodea, a escuchar las músicas de la naturaleza, sus respiraciones, a medir sus estados, a descifrar sus códigos. ¿Alguna vez he sabido todo esto? Si la vida me ha demostrado que para conocer un paisaje no hay nada más fiel que experimentarlo con el cuerpo, a la larga, con humildad y en todas las estaciones, Ubac me dice algo más, que es preciso estar en él, volverse uno solo y no temer que nos atraviese.

Sin previo aviso, de repente se detiene. No sé a qué se debe. Intuye, siente, toca un señuelo amistoso y silencioso que atrae a los invisibles, yo no percibo nada pero en los segundos posteriores a esta parada un buitre corta el aire, un enjambre sale volando o se levanta viento, el ambiente se anima. Y yo, último en enterarme, me quedo pasmado. Una mañana de paseo corto Ubac me desvió del camino habitual e insistió en que siguiéramos otro. Me llevó bajo la copa de un roble, en medio de hierbas altas que se parecían a otro roble y a otras hierbas, se paró en seco a dos metros de un hoyo y me hizo una seña con la mirada. Había un cervatillo nacido el día anterior, temblando y, a mis ojos humanos, en peligro. Llamé a Georges, mi colega guardia forestal, que vino a verle y me dijo que lo dejara en paz, no le pasa nada, sobre todo no lo toques, su madre, ocupada en despistar a los depredadores, vendrá a buscarlo esta noche. De no haber sido por Ubac y sus más de seis sentidos esta salida se habría parecido a las anteriores y posteriores, yo no habría escuchado el lenguaje de los lugares y seguiría en la inopia.

¿Lo sabe o lo percibe? Al principio yo pensaba en el azar, en que sus descubrimientos eran golpes de suerte. Pero ocurría con demasiada frecuencia. Entonces yo, que no las veo venir, que no estoy equipado para ir a esos lugares, como un ciervo en el centro de la ciudad, empecé a prestar atención, a aprovecharme de sus antenas; si cambia de actitud, si deja lo que estaba haciendo, me agazapo, examino y capto a lo lejos un manantial, la espantada de una cabra montés o cualquier otra maravilla de las que antes se me escapaban. Muchas veces es un animal al acecho y rebosante de fuerza, esa anomalía magnífica: ¿quién debería tener miedo aquí? Hoy soy capaz de percibir con él, en el mismo segundo y en la dirección adecuada, la recompensa suprema que me invita a volver a sentirme capacitado para estos lugares, lo que mis ancestros sabían y nosotros, de distracción en distracción, hemos desechado.

Antes de Ubac yo pensaba que estaba solo en los bosques y las montañas, y a la vuelta, sin haber visto a ningún hombre, alardeaba de esta soledad delante de quien quisiera oírme. ¡Solo en el mundo! Él me ha enseñado que en realidad miles de seres me han visto, me han examinado, me han dejado pasar, a mi alrededor se han representado muchas escenas entre residentes con plumas, pelo o clorofila: diplomacias, peleas, seducciones, encuentros, asambleas, lecciones, ceremonias, rondas de guardia, miedos y alegrías, nacimientos y matanzas, finales y principios. Yo era indiferente a estos silencios habitados, Ubac me ha dado algunas claves para conocerlos un poco, gracias a él he pasado de ser un inconsciente a alguien que mira y luego ve. Me ayuda a leer esas historias, habla ese idioma y me indica lo que debo hacer para que cobre vida lo que yo reducía a un decorado. Basta con quedarse quieto, tratar de pasar inadvertido, despertar los sentidos y aceptar la porosidad; estar disponibles es tan sencillo que ya no sabemos hacerlo.

Entre los alerces del valle Vény (ahora que lo pienso, no habla ni una palabra de italiano) o los peñascales del macizo de Bauges, Ubac va al encuentro del mundo. Escucha, espía, congenia, se arrastra, se burla, rasca, resopla. Se restriega contra la sustancia, los enjambres, los meandros, se adentra en ellos. Los hombres hemos optado por colocar la mirada muy por encima de los demás sentidos, y con ello hemos dado un paso atrás. Nuestro hocico se ha afilado convirtiéndose en una naricita que querríamos esconder, tocamos con aprensión unos polvos salubres, lavamos enseguida nuestras manos temerosas, pasteurizamos nuestros sabores, nos embriagamos de ruido, ya no captamos los susurros pero nos resaltamos las pestañas y a todo le aplicamos la metáfora de los ojos. Esta elección, aunque nos embellece la cara, nos aparta del mundo, porque la vista, tal es su debilidad, tolera la distancia y la mantiene.

Ubac me indica que restregarse es más sutil. Su hocico terroso, sus orejas mugrientas, las clonías de sus costados le cuentan los misterios, el miedo, la muerte, los corros de brujas. Yo solo huelo la rosa o la boñiga, solo oigo el silencio o el estrépito, solo veo lo visible. Cómo me gustaría poseer su gramática de los matices; espero que el amor humano que siento por él y todas mis atenciones no le resten ninguno de sus conocimientos.

Estos paseos me horizontalizan y me recuerdan cuál es mi lugar exacto: un ser vivo entre los demás. Ya está bien de honores. Me sitúan a ras de la tierra, del cielo, de la timidez de los árboles, me asilvestran, me ensucian el pelo, me arañan la piel y me rompen los pantalones. «No somos salvajes», dicen los presumidos instruidos. Si supieran...

En el 29 de la calle Pionchon de Lyon, cuarto piso, vive la madre de Mathilde, Doune. A Ubac le gusta venir aquí, le dejan hacer casi todo, arañar el parquet, empolvarse de harina y atiborrarse de *pretzels*. Cuando nos indica que tiene ganas de tomar el aire nos montamos en el ascensor, apretamos el 0 de la izquierda, le recojo el rabo para que no se lo pille la puerta, resbala por el mármol falso de la entrada y vamos al parquecito de la Ferrandière, al pie del edificio. Allí hay bocinazos, varios plátanos de copas apretadas, árboles de los pañuelos, un poco de hierba y un rectángulo de virutas adonde se supone que van los perros a solazarse, pero no van nunca. Esta naturaleza cercada podría parecer pequeña, hecha a base de restos y carente de interés. Vamos, artificial. Hasta sería de buen tono burlarse de ella. Enfrentada a la voracidad del asfalto, a la indiferencia y al jaleo de los hombres, en realidad es tan feroz como las malezas impenetrables o las selvas primarias, qué bobada eso de «en plena naturaleza», qué bobada las clasificaciones. En el parque dejamos que Ubac rastree con la trufa y controle el millón de olores abandonados. Hubo un tiempo en que yo habría aprovechado para hacer unas llamadas, o me habría traído una revista de casa de Doune para hojearla en un banco mientras echaba miradas distraídas a sus merodeos. Habría estado allí a medias. En realidad basta con callar, invadirse de silencio, regular la mirada a lo minúsculo y aguardar. También se puede dar un tranquilo paseo para descubrir los secretos del lugar. Entonces aparecen la estrategia de la araña, los moscardones atrapados, el baile de las abejas encaprichadas con las ciudades, el ratón esprínter, las hormigas en formación, las orugas en procesión, los pinzones tenorios, el erizo gentrificado, las hojas arremolinadas y otras profundidades inaccesibles a los pasos apresurados, a las almas heridas. La vida, para quien quiere verla, está en todas partes, y quien dice que está solo está ciego. Ubac me enseña este arte de prestar atención, lo va deletreando todo por donde pasa; tanto en los lugares más grandiosos de los que se hacen carteles como en la placita que cruzamos casualmente. En su sistema no hay una naturaleza excepcional y una naturaleza barata, hay una naturaleza diversa, múltiple, merecedora en conjunto de que le prestemos atención y dialoguemos con ella. Salvo la mirada del hombre, nada se arroga el derecho a clasificar sus encantos. Para mí es un gran descubrimiento, elevado a las cien maravillas que no pueden dejar de verse, la belleza está en todas partes para nosotros, cazadores furtivos.

Como he desafiado tormentas y vértigos, como he pisado tierras insumisas, hablo mucho de la naturaleza, digo que soy suyo. Ubac me ha corregido. Reclamar una relación de intimidad con ella no se mide en metros de vacío ni millas de costa, alrededor de las Jorasses y del cabo de Hornos están el mundo y las cosas pequeñas. Y eso es bueno. Los únicos requisitos para abrirnos a estos lugares y proclamarnos sensibles a ellos son la atención que les prestamos, de las veneradas *edelweiss* a las modestas margaritas, del pampero de la Patagonia al vientecillo de la Ferrandière. Y eso ya debía de saberlo: mi abuelo Lulu, que nunca salió de la media área de su huerto obrero, era tan bueno contando la naturaleza como Von Humboldt y su culo inquieto. Por eso escucho y consulto a mi alrededor, cuando era niño hablaba con las olas, y Ubac, sí, eso es, ha aumentado mi conversación. No es una santidad sino una disponibilidad, alguien dirá que una iluminación, puesto a elegir una herejía, la prefiero a la ilusión del sabelotodo y a la indiferencia devastadora.

Sin darme lecciones, Ubac me susurra que la experiencia con la naturaleza empieza sabiendo contarla bien y que yo hablo de ella en términos equivocados. Unas veces la convierto en un objeto lejano, fantástico, temido, y ya sabemos la reacción que puede tener el hombre atemorizado: destrozar. Otras veces solo la remito a mi ombligo amoroso: un fondo para selfi, un terreno de juego, un bálsamo para el corazón, en fin, un recurso a mi servicio y convertida en algo mío. Ya es hora de dejarla donde está.

Sus enseñanzas son otro de los motivos por los que me he aficionado a estos paseos, a estar rodeado de naturaleza discreta o envolvente. Ubac me pasea de archipiélago en archipiélago, me lleva de la mano, me enseña la absorción y me sugiere esta preciosa urbanidad: ser educado con la Dama. De modo que esa era la raíz alemana que no había notado en él, el latino; como un Friedrich romántico, me enseña las grandes conexiones con los elementos. Si a él andar con correa y a mis pies por las calles concurridas de Lyon, quién sabe, le tranquiliza, a mí tumbarme a su lado en la rocalla de Parozan me inicia y me capacita. Nuestras camaraderías se entrecruzan, y este equilibrio encaja con la idea que me hago de nuestra relación. Así que la vida es muy sencilla, basta con estar juntos, fuera y atentos. No hay brújula más deseable.


Ubac se quedó dormido entre nuestros sacos.

En la noche estrellada, gruñó fuerte. Nosotros le dijimos «tranquilo», y volvimos a dormirnos.

A la mañana siguiente, a ciento cincuenta metros de nuestro vivac, la guarda de Presset nos muestra unas huellas ovaladas, un trayecto rectilíneo. Era el famoso lobo.

Si tener a este perro a nuestro lado nos da la oportunidad de renacer en los cuentos, una y otra vez, entonces marchemos por los bosques mágicos hasta no volver jamás. Un día, estoy seguro, Ubac nos presentará a los elfos.

# 17

Hay cosas que se parecen al juego del jokari. Les damos golpes fuertes y enérgicos para que se alejen y no vuelvan nunca, pero en el fondo sabemos que cuanto más empeño pongamos menos posibilidades tenemos de librarnos de ellas.

La proyección del hombre hacia su perro no es una excepción. Mathilde y yo hacemos lo posible por tratar a Ubac como a un perro, es la mínima consideración que podemos tener con él, pero el antropomorfismo, pretensión pegadiza, regresa centuplicado. Al vivir a su lado se instala la lenta certeza de que nuestras almas se alinean hasta parecerse, y la idea de que se junten tampoco es repulsiva, ¿acaso una relación no consiste en dar ese paso hacia el otro? Fuera del patio del colegio nadie se ve como un águila, cortando el aire con los brazos abiertos, ni se imagina como un lobo; la poesía, si perdura, se considera locura. Confieso que acudo de buena gana a la llamada de los mimetismos, imagino su interior, lo junto con el mío, razono como un perro y le hago pensar como un hombre. Este comportamiento es contagioso, bien lo sabe Mathilde.

¿Y por qué no? ¿Quién, desde su cátedra carcomida, decretó un día que el animal distaba a tal extremo del hombre, que carecía de esto, de aquello, de emoción, de exaltación o de otro de nuestros monopolios sensibles, y que cualquier intento de acercar a ambos era fútil? El hombre, quién si no. Erguirse del todo y decir «yo soy el más alto» es un juego con reglas trucadas.

El doctor Bibal y sus colegas, entre otros, proclaman que el perro no tiene ninguna noción del tiempo y por lo tanto carece, porque son sentimientos, de sus satélites: la soledad, el tedio y la inseguridad. Una hora es igual que un minuto. Que vengan una mañana, cuando nos vamos y dejamos a Ubac en la cabaña, que lo observen, mustio, con la moral por los suelos. Que vengan una tarde de reencuentros para verle saltar, caracolear, como si renaciera, y luego quedarse dormido como un tronco, reconfortado por nuestra presencia.

Y si, como pretenden, el tiempo le fuera ajeno, Ubac por lo menos tiene algunas nociones de espacio. Ha hecho una cartografía detallada de Le Châtelet. Si no nos ve en la casa subirá hacia el granero por el balcón de arriba, el que ilumina el sol naciente, correrá haciendo temblar los viejos toneles de sidra, echará un vistazo por la claraboya y si no ve a nadie volverá a bajar, pasará delante del pilón y del balcón de abajo, donde el viento azota imitando al mar, y terminará su carrera en el cobertizo para ver si hemos ido allí a trabajar con la madera o a recoger unas nueces. Como no verá nada volverá sobre sus pasos, mirará otra vez por la puerta acristalada, nunca se sabe, y se dirigirá a la bodega, siempre abierta y fresca en agosto. Convencido de habernos perdido, reanudará su ronda dos o tres veces y luego, resignado, se quedará bajo la viga tallada y mirará a lo lejos. No verá a nadie y se sentirá solo, agitará el hocico, que el olfato tenga su parte en la investigación, luego volverá a la entrada, se tumbará bajo el porche y dejará escapar un suspiro de abatimiento audible desde el fondo del valle. A cada ruido de motor correrá hacia la esquina de la cabaña del lado de Mirantin y regresará desconsolado. No me vayan a decir que así es feliz, ni siquiera indiferente. ¿Alguien ha entrado en el corazón de un perro?

Dentro de veinte años habrá cámaras alrededor de las viviendas, fuera y dentro. Al menor movimiento de su animal, un pitido en el teléfono alertará a los amos inquietos. Consultarán su pantalla, algo que les encanta hacer, y sabrán. Como hace siempre, la imagen matará la imaginación. Mientras tanto imaginamos, es bonito, pero no siempre. Cuando salimos de la cabaña a las tres de la madrugada para ir a esquiar a Lex Blanche, dejamos fuera a Ubac para que termine su noche y emprenda el día. Unos dicen que para el momento de la partida hay que preparar una rutina, una palabra, un gesto; otros que eso no hace más que agravar el estrés de la separación, pero, bueno, ¿habrá alguien que sepa de verdad? «Volvemos luego, tú guardas la casa», es todo lo que se nos ocurre decir, pero él ya se sabe esas pamplinas y se ha retirado a un rincón de la casa. Ha conseguido que te veas a ti mismo como uno de los diez seres más crueles del planeta.

A lo largo del día, para consolarnos, podemos imaginar que unos corzos le harán una alegre visita o que invitará a la perdiguera del vecino para cortejarla. Pero es en su soledad en lo que pensamos demasiado, un día entero pasa despacio. Ubac no tiene un libro ni un komboloi para darle vueltas, planes menos aún, sueños, esperemos que sí. De seguro deambula, espera, se aburre, vela, pasa miedo y se cansa de esperar. Lo más cómodo sería convencernos de la vacuidad de su mundo interior, pero sabemos que está hecho de mil piezas y en cada una de ellas resuena la soledad. Y, si morimos en un alud, ¿quién le servirá esta noche? Es sobre las siete de la tarde, dos cubiletes a ras y otra escudilla llena de agua clara.

Cuando volvemos está en la consabida esquina de la cabaña, corre hacia nosotros, cuela el hocico en la primera portezuela que se abre, gañendo por haber pasado miedo; cuanto más tiempo nos hayamos ausentado más alto y desafinado canta; la añoranza, como la felicidad, es una cosa medible. Pasa de un lado a otro del coche, nos estorba para salir, salta sobre nosotros, nos araña, nos agarra y rebota de alegría, un perro nunca te guarda rencor. Jamás se muestra malhumorado para que descubramos el motivo, esa jugada malsana que tanto les gusta a los hombres cuando no les hacen mucho caso. Nosotros, por nuestra parte, tratamos de trivializar los reencuentros, pensando que con este paripé suavizaremos las próximas separaciones. Sin mucho éxito, porque acabamos rodando unos con otros por el suelo y diciéndonos que nos queremos, el único ritual aplicable en estos lugares. Luego, a dormir, borrachos de quietud.


Como no es cuestión de no volver a irnos nunca —ningún amor reclama que uno se ate por él—, ¿qué podemos hacer? Frente a este dilema, la aritmética puede ayudar: dos, dice ella, están menos solos que uno.

¿Por qué no otros perros? ¿Qué mejor que una misma

especie y unos lenguajes idénticos para combatir las soledades? Los vencejos, las liebres y las vidas de paso no bastan. Otro perro, sí, esa es la solución más sencilla, aunque ya nos imaginamos que, como de costumbre, no lo será tanto. Puestos a convencernos y conjurar cualquier sospecha de capricho, Mathilde y yo somos especialistas en inclinar la balanza hacia una aparente altura de miras. Está la soledad quimérica de Ubac, que haría reír a los otros hombres, y nuestra culpabilidad por ser los causantes. Están esas docenas de hordas que hemos visto, de Sighenu a Meteora, sublimes perros salvajes que parecían calmar la intranquilidad con el número. Está también ese soplo de animismo que a veces nos inspira: si Ubac se muere, contradiciendo su inmortalidad, su alma buscaría cobijo lo más cerca posible, en el cuerpo de otro perro que hubiera compartido su cama y que la retendría a nuestro lado. Una historia de tránsitos que prolonga y consuela. Por qué no.

La primera vida fuimos a buscarla a Gleizé, en una suerte de fidelidad a la diagonal del vacío. Una minúscula labrador color arena con falsos aires de Iko cuyo anuncio había aparecido en el 69, vendida por unos saltimbanquis, noble promesa, no lejos de las viñas de Beaujolais, otra promesa, criada entre menos algodones que Ubac pero con el suficiente cariño para que no quisiera separarse de los suyos, empezando por su madre. Uno no se acostumbra a estos secuestros. Su fecha de nacimiento era bastante dudosa, el sello del veterinario aún más y pagamos en efectivo como en toda transacción no del todo limpia. Trescientos euros, un tercio de Ubac.

Cuando volvemos de ese rapto en el que no ha participado, Ubac, como de costumbre, se abalanza hacia el asiento del conductor, esa plaza donde existen pocas probabilidades de que no haya nadie, con las dos patas en el borde del parabrisas. Apenas nos ha saludado cuando su hocico y su ojo descubren esa cosita clara en el otro asiento. Inmediatamente se olvida de Mathilde. De un brinco pasa al otro lado, corre de un lado a otro, a riesgo de ser aplastado, araña diez veces cada puerta, sus patas delanteras ya no tocan el suelo, se parece a esas cabras corsas que prefieren los árboles bajos a las hierbas altas. Desde el principio ha comprendido lo que está en juego, una historia larga, de pasajera la que está ahí solo tiene el nombre. Y la cosa blanca, apenas despierta, descubre que no va a estar sola en el mundo de los hombres. Solo nos dará tiempo a bajar la ventanilla para que se respiren por primera vez. Una primera vez es siempre un equilibrio frágil, hay que vivirla plenamente y en un tiempo cercano, idealmente el mismo, tratar de apartarse de ella, ponerse a su lado prestándole mucha atención o recurrir a uno de esos otros procedimientos que la guardarán en el fondo de la memoria. Ser varios en uno mismo podría ayudarnos.

La llamamos Cordée[12] en alusión a la montaña y a cuidarnos unos a otros. Después de criticar a los que ponen nombres horteras a sus perros (Ringo, Paul, John y demás), acabamos cayendo en lo mismo, porque consideramos que subir a las cumbres no es una pasión tan fútil. Cordée pesa como una pluma, tiene el pelaje claro salvo en las orejas, un cuerpecito frágil, garras de cristal, cabeza oblonga y pestañas como las de una actriz de Hollywood. Está tan atildada como no lo estaba su corral. Cuando es feliz —casi siempre— se retuerce hasta que parece que va a romperse y su cola espesa toca la pandereta. Esa cola la divierte, la atrapa con la boca y, juntas, dan vueltas como locas. Ubac no le ha olido el culo, la ha seguido a todas partes hasta que, harto de tanto ir y venir, se ha sentado en un promontorio desde donde no pierde detalle de ese espectáculo vertiginoso. Cordée va y viene sin parar, frena en seco, se agazapa, se levanta buscándole, parece una suricata. Cuando va en su busca se hace la indiferente. Entre ambos se trata ya de un espectáculo: un perro es una foto; dos perros, una película. Nuestra idea de llenar horas vacías cumple su promesa. Esa misma noche voy con Mathilde a tomar una copa para celebrar su

12. Cordada. (N. del T.).

llegada, acompañados por el perro grande y su pequeña acólita, a quien queremos presentarle el mundo. Nos metemos en el primer bar que encontramos, es como todos los bares: una barra, mesas, una música olvidada, unas borracheras más avanzadas que otras. Optamos por la terraza, como sugiere una vida de perros. En cuanto nos sentamos un intrépido chucho salido de la nada pretende trabar conocimiento con Cordée y se acerca a sus posaderas inocentes. Ubac, apostado como todos los guardaespaldas, apartado pero justo ahí, sale de su falso sueño, se levanta y lo catapulta sin miramientos. Ahora los otros perros ya saben cuánto les costará acercarse a la perla marfil. Días después Cordée duerme plácidamente en la terraza de la cabaña. Ubac se pone nervioso, cosa rara. Desde hace unos minutos es el único que se ha dado cuenta de las maniobras del milano, que da vueltas alrededor de la casa. Desde donde planea, Cordée la flaquita es como una presa demasiado blanca y demasiado serena. Ubac gruñe y luego ladra, con esos ladridos claros. Nosotros salimos. El milano, al lanzarse en picado, se encuentra con un vigía tricolor y dos humanos ingenuos. Ha faltado un pelo para que la perrita volara para siempre. Qué dulce debe de ser la existencia bajo el protectorado de Ubac.

Ubac le enseña a Cordée algunos rudimentos de la vida diaria, lo que Tchoumi hizo con él; la vida no es más que un rosario de legados. Ella aprende unos cuantos, como la hora exacta de comer menos un cuarto de hora y el uso eficiente de ambos ojos. La perra, en cambio, le enseña cómo nadar sin miedo en los torrentes; ella juega, él se pone nervioso, salta, titubea de piedra en piedra y le muge que pare, ella se detiene un momento a escucharle. Puede hacerle de todo, mordisquearle el cuello, ponerle en la trufa una manzana podrida, meter la nariz en su escudilla, dormir a su lado, y él no se mueve. Las pocas veces que ella sobrepasa sus límites él levanta los belfos, lanza un gruñido, ella se acurruca arrepentida, combina miedo y malicia de maravilla. Cordée es admitida; este perro domina los celos, prefiere compartir y así recibe su ración de ternura: toda una lección que aprender. En las praderas vemos un perro negro y un periscopio blanco latiendo de felicidad, el azar podía elegir entre millones de perros, pero son ella y él y no se piensa en nada más.

Será que nuestros ojos simples lo ven así, pero el estatus de Ubac ha cambiado, ahora parece un padre. Ella, que sigue sin crecer, a quien se le xilofonean las costillas, que obliga a asegurar, a quien tuviera dudas, que está bien alimentada, no es un segundo Ubac, sino un ser aparte, que le imita, le completa y se distingue de él, su hija durante mucho tiempo hasta que se convierta en su hermana pero nunca en su favorita, a veces los perros consideran si lo que hacen es elegante o no. Puestos a parecerse, ambos tienen un método infalible: descubrir una charca de agua estancada y ponerse perdidos de un fango infame, dos grumos parecidos que gotean de satisfacción, se sorprenden cuando no les dejan pasar del umbral y se miran el uno al otro como para decidir quién ha tenido esa feliz idea. En casa ahora tenemos dos torbellinos, Ubac el plácido se ha reanimado con la fogosidad de una perra dispuesta a morder cada lagartija, cada segundo que le brinda la vida, y que parece dotada de una inagotable resistencia al hastío. Es bonito verlos vivir, unas borras de pelo negro y blanco que se mezclan en un alegre circo nunca grisáceo.

Todo esto podría frenar nuestro antropomorfismo, pero vuelve por oleadas a buscarnos las cosquillas. Salvo que atribuyamos a los animales sentimientos humanos, sospecharíamos que Ubac tiene inclinación por la paternidad verdadera, algo que para nosotros es inconcebible. ¡Qué modernos seríamos! Una hija adoptiva de otro color, procedente de un entorno desfavorecido, un hijo propio, una familia monoparental encabezada por el padre y algo así como unos abuelos, aún no muy ajados, tatuados y que se pasan media vida en una furgoneta. La idea nos seduce, ya que la pega principal de nuestra pareja es que no tiene ningún moderador. En cuanto a Ubac y Cordée, ninguno de los dos protesta.

Ubac ya se lo ha montado con una hembra del pueblo cercano. Nos lo habíamos llevado con nosotros cuando Michel, un amigo de Arêches, nos invitó a acompañarle a subir las vacas a los puertos. La manada le interesaba poco, ¡si sus antepasados pastores lo hubieran visto! En cambio había logrado con éxito desviar a Titoune, una border collie, de su tarea de vaquera para un achuchón amoroso tan sincero como pasajero. Meses después supimos que habían nacido dos bonitos mestizos, regalados a los agricultores de la zona, lo que hizo que mirásemos a todos los perros tricolores del macizo con ternura de abuelos. Michel solía quejarse de la despoblación de Beaufortain; Ubac se aplicó a conciencia a aliviar este éxodo.

Ahora tenemos que encontrar una hembra entusiasta, una boyero bernés; por una vez sucumbiremos a los encantos de la endogamia. No es fácil. Los perros, sin máquina de café, sin club de salsa ni compañero alcahuete, no tienen demasiadas instituciones matrimoniales. Como mucho y conforme van pasando los días, unas secuencias de paseos se armonizan, cerca de la laguna hacia las seis de la tarde, una Kangoo amarilla aparca siempre en el mismo sitio, baja una hembra, nos cruzamos, volvemos a cruzarnos, acabamos dándonos los buenos días y preguntando cómo se llama, se olisquean, se acercan, pero no es suficiente para plantearnos formar una familia. En vista de eso habrá que recurrir al pragmatismo y utilizar los anuncios para propiciar un encuentro. Al fin y al cabo, los hombres también provocan el amor.

«Urgente. Hermoso macho adulto de siete años busca hembra boyero bernés para cubrición». Aunque estuvimos dudando un buen rato si poner «reproducción» para rematar la frase, no encontramos nada mejor como reclamo. Esas pocas palabras, acompañadas de una foto de Ubac heroicamente plantado en la cumbre de una montaña, tienen la ventaja de ser explícitas y sugerir que la relación no pasará de unos cuantos frotamientos fecundos. Allá donde vamos, fijamos los carteles, junto a los de perros perdidos, con el teléfono escrito en números grandes, como en los semáforos de los centros urbanos.

No tuvimos que esperar mucho, habíamos subestimado el mercado. El primer encuentro se produjo en la cabaña; a la familia política no le importó desplazarse. Un hombre de cráneo brillante y mandíbulas apretadas acudió desde lejos con su perra. No lo vimos venir, pero fue un momento escalofriante. Se percibían el impudor y el arcaísmo de los matrimonios concertados, la manaza del hombre y, todo hay que decirlo, un desagradable sabor a puterío. Mathilde y yo nos sentimos incómodos y solo el ardor de los dos perros nos anima a seguir. Su danza nupcial es muy simple, la señorita delante y Ubac detrás, como su sombra. Luego encima. Cordée, demasiado joven para este espectáculo, se ha alejado y anda a lo suyo.

La guinda del buen gusto es que hay que vigilarlos, no perderlos de vista, parece que el final del coito podría ser dramático, como si nos necesitaran, como si fuéramos expertos en el manejo del amor. Todo va sobre ruedas, el hombre y su perra se van; el tono sería la ligereza, le digo a Ubac que ahora nos toca a nosotros, el muy lúbrico ya nos ha observado bastante. Seis semanas después el hombre nos anunciará con este vulgar mensaje: «No ha funcionado, mi perra no está preñada». Mathilde y yo estamos convencidos de que nos ha mentido y que hace negocio con los encantos de su hembra. Tendríamos que haber escuchado el lenguaje de los cuerpos, que nunca se equivocan: ese tipo no miraba a los ojos ni abrazaba a su animal. Renunciamos a la idea demasiado sucia de organizar el amor.

Menos mal que la fortuna, como de costumbre, hace bien las cosas y es más natural que estos encuentros glaciales. Un día de paseo a la laguna de Marcôt, Ubac, con un dedo roto y sin derecho a correr, divisa a lo lejos a una elegante boyera y aprieta el paso hacia ella pese a nuestros gritos de desaprobación; para eso debe de servir la correa. Se entabla la conversación, lo reconocen como el macho del cartel, igual de hermoso al natural. Alpine (aquí no abundan los nombres que hacen honor al océano) y él se ven cada vez menos por casualidad, en casa de él, en la de ella, como dos estudiantes apasionados con padres guais.

En dos ocasiones nos los encontramos enganchados por detrás, gritamos aleluya, y cinco semanas después de esos arrimos siempre intrigantes el doctor Wicky nos anuncia que van a llegar cuatro cachorros. Como nuestros amigos siguen sin entender por qué no queremos tener hijos, no nos atrevemos a enseñarles la ecografía a pesar de que, dicho sea entre nosotros, estamos eufóricos.

Como la naturaleza no es tan bondadosa, dos cachorros mueren al nacer, en este principio la vida solo es supervivencia. Y lo es tanto para Alpine, que sale de esta pero tiene una mirada de dolor que todavía nos angustia, como para los dos resistentes salvados por los pelos, que al menos tendrán abundancia de tetas para calentar sus primeros días. Es el año de la F. La familia de Alpine se queda con el macho, Falco. Frison, la hembra, con dos meses, se une a nosotros. Ha vuelto de lejos, de demasiado lejos para reprocharnos el haber exhortado a la vida hasta ese extremo. El mismo día, exactamente, Tchoumi muere. El vacío o las repeticiones, hay algo que le horroriza a la tierra. Las primeras semanas no vemos más que un Ubac en pequeño, pero pronto, afortunadamente, Frison nos recuerda que cada ser merece algo más que ser visto como parecido o distinto de otro y que partir de un modelo es aprender a partir mejor. De él tiene la discreta banda en la frente, pero no es tan comedida y está bien que sea así. Cordée, por su parte, adora a este incansable nuevo juguete.

Para distinguirse de su padre, Frison no ha encontrado nada mejor que desobedecer por sistema, de modo que nos pasamos el día gritando su nombre, algo que en algunas aldeas de Beaufortain, patria del ilustre Frison-Roche, provoca vivas reacciones; si bien en ciertas callejuelas el aliento del explorador aún no ha penetrado del todo, los geranios colocados con coquetería en los balcones están para el disfrute de todos.

# 18

Una vida de cinco se organiza y se desboca alegremente.

Con tres perros de buen tamaño hay que ser bastante metódicos para meterlos en la furgoneta, no olvidar el pienso de uno, el tratamiento del otro, o planificar la logística de las guardias, todo eso que evitan los seres que quieren vivir a su aire. También es un desbarajuste encantador, perros por doquier, en cada cuarto, idas, venidas, simultáneas o sucesivas, fervores multitudinarios al menor estímulo de uno solo, alegre mazurca que anima el hogar desde las primeras luces, intercalada sin previo aviso por siestas colectivas en las que no se mueve nada salvo un poco el suelo. Es también una música, solo suya, que ningún técnico de sonido podría reproducir. La percusión de sus correrías por los balcones bamboleantes. Sus ronquidos al cubo en una furgoneta de noches perdidas. Sus saltos para entrar y salir de ella, solo faltan los aros de fuego. El entrechocar de las escudillas. Sus lengüetadas en el agua, juntos, pero Cordée solo bebe si lo hace Ubac. El mechón de sus rabos batiendo el suelo, sus sueños en coro. Su coreografía al menor ruido lejano: Cordée se pone alerta, resopla y espera el refuerzo, Frison acude y ladra hasta rompernos los tímpanos, Ubac cierra el baile, accionando el mecanismo de una voz cavernosa, hasta los próximos presuntos asaltantes, mensajeros o la barrera del sonido. Y su falsa pelea. Su desobediencia en cadena. Su numerito de esperarnos en el suelo y, a una señal, abalanzarse sobre nuestros cuerpos apilados. El enredo de sus correas los días que bajamos a la ciudad. Nuestros revoltijos afectivos. Y todo lo que echaremos de menos cuando ya no esté. Es eso, creo, lo que queremos: un ruido de fondo y que nuestros días se animen aún más con el barullo de las vidas mezcladas.

Esta querencia de manada da que pensar. ¿Y si fuera de cuatro perros? ¿De diez? ¿La alegría de estar en grupo perdería brillo? ¿Existen para este apetito, como para otros, unos límites, y más allá hartazgo? Los límites están ahí, sí, se marcan, se llaman «realidad económica», metros cuadrados de elasticidad limitada y esa certeza, digan lo que digan los pastores, de que el individuo, más allá de cierto número, se disuelve en el grupo y se olvida de sí mismo. Tres perros, de entrada, es acordarse de que solo estamos provistos de un par de manos, ese metro patrón del amor disponible. Podemos añadirles la cabeza, los dedos de los pies y el cuerpo entero, es una batería de gestos para satisfacer cada mirada, cada pata apremiante, porque no nos engañemos, los tres piden cariño a la vez o inmediatamente si uno de ellos se ha adelantado. El día en que solo acariciemos a uno de nuestros perros será porque los otros dos se habrán quedado sin cuerpo.

Con más de tres nos perderíamos. Aunque la felicidad se contagia, sus últimos ecos son un poco flojos. Si se trata del amor creo que ocurre lo mismo: hasta cierto umbral se reparte y luego, al tener que alimentar tantos corazones, se dispersa, se ahoga o, peor aún, escoge. De modo que tres y dos parece un buen número, una disponibilidad para cada uno, la felicidad del conjunto y nada muy simétrico. Porque además, me dice André, el cinco no es mal número, es el de nuestros sentidos, el de los dedos de la mano y el del club de Enid Blyton, en el que Tim no hacía papeles secundarios y se esforzaba todo el tiempo por unir a la humanidad. Ya vale, Mathilde, no nos pasemos de listos con esas fantasías de vida feliz, porque la vida a veces se complica, y no olvidemos que Ubac se ha tomado muy en serio cuidar a los otros dos y eso nos quita una preocupación de encima.

Pasamos mucho tiempo viéndoles vivir, un vendedor de televisores haría poco negocio en Le Châtelet. A cada momento asistimos a un espectáculo gratis que apacigua, estimula o mantiene, según demanda. Nunca se separan, salvo cuando hay que llevar al veterinario a alguno de ellos; a su regreso los otros festejan su vuelta como si fuera un superviviente de la Gran Guerra.

A menudo, demasiado para mi apego a la manada, tengo que levantarme temprano para ir al trabajo, lejos, demasiado lejos. Una molestia sin importancia, pero es la mía. Son cerca de las cinco de la madrugada. Salgo del dormitorio tratando de no despertar a Mathilde, «Enciende la luz si quieres», me dice, y me visto en la entrada. Al adentrarme en la sala grande hay una tabla del suelo que cruje y despierta al grupo. Repararla está en el programa del siglo que viene; es lo que pasa cuando se reforma una vieja cabaña, remueves cielo y tierra durante meses, acabas tuteándote con los transportistas de la empresa de materiales de transporte y un buen día, sin previo aviso, se acabó, cambiar una triste bombilla es un problemón, hay que esperar, meses y a veces eternamente, a que haya existencias. Los tres tienen toda la habitación para ellos y dormitan más o menos arrimados, un cuarto de servicio les sobraría como alcoba. Cordée me mira con ojos entrecerrados, toca su tambor a dos tiempos, Frison y Ubac fingen no haber oído pero el movimiento de sus plumeros les delata, su rabo es como su corazón, no pueden controlarlo. Abro un poco la puerta de la chimenea, el fuego se aviva, meto un tronco cuyas brasas verá Mathilde, el agua hierve, el té humea y el pan de la víspera se tuesta, todo huele muy bien. Las pavesas renacientes iluminan la habitación como un caleidoscopio, las sombras bailan, no romper la magia y sobre todo no encender la luz. Podría levantarme más tarde, pero este momento compensa cualquier noche corta. Observo cómo duermen a medias, no hay mañana que su dulce concordia no me emocione, ¿podría vivir solo cada uno de ellos? Durante la noche las alfombras se han intercambiado, compartido, arrugado y corrido, y aun así todo parece tranquilo. Me acerco a uno de ellos, luego a otro y a otro y les saludo: una mano en el lomo, un beso en los pliegues del cuello, en respuesta recibo un apretón de pata, cada uno sabe que llego o que vuelvo, cada mañana cambio de primero para que cambie el último. Aspiro su olor hasta los alvéolos más recónditos. Cuando corto el pan, Frison la golosa se estira, su hocico, estimulado por los primeros efluvios, se agita muy deprisa y acude a preguntarme cómo he pasado la noche. El que esta perra, que siente pasión por la comida y cree que todo es comestible, desde las manoplas hasta las carteras, se interese por un alimento reconocido como tal es buena señal. Lame el aire frenéticamente como si así atrajera unas migas de tostada y me posa la cabeza en el muslo, consciente de que poniendo esos ojitos puede conseguirlo todo de mí. Le digo que aproveche, porque la semana que viene pienso mostrarme firme. Cordée la sigue, agradece a su hermana exploradora el haber abierto brecha y posa la cabeza en el mismo muslo. Unas cortezas de pan migran y son tragadas apenas sin masticar, André estaría en la gloria, unas manchitas de baba decoran mi pantalón, habrá que pensar en un traje de desayuno. Ubac y su retraso de patriarca se reúnen con nosotros, con un minucioso minué posa su cabezota sobre las otras dos, jugada de miradas y colocación en espiga. Entonces les abrazo a los tres como en una melé. Para los que quieran saber qué es la felicidad, aquí tienen una linda escena; a mí, y para todo el día, cubierto de sus lanas, me proporciona la dulzura y la furia necesarias para admitir y rechazar el mundo.

Luego, si el cronómetro lo permite, salimos a dar una vuelta. Molestamos a varios nocturnos; desde la distancia de mi luz frontal sorprendo los ojos, poco alarmados, de un corzo que se retira a dormir; aunque los animales hacen bien en desconfiar de todos los hombres, me gustaría que supieran que algunos de nosotros no vamos a hacerles daño. Ninguno de los tres perros corre tras él, reina un pacto entre ellos. En el fondo del bosque se oyen crujidos, si se tratase de la presencia de un hombre mis perros me habrían avisado. Estas mañanas son un espectáculo; las últimas estrellas, los primeros resplandores, los silencios sin miedo añaden belleza. Reinan la plenitud y la sensación de eternidad, algo de una trascendencia sin Padre ni sustancia. Algunas veces ha caído nieve en el frío de la noche, virgen de huellas salvo las carreras de una liebre. Los tres querrían que jugásemos, les digo que no tengo tiempo sin explicarme realmente por qué no dedico toda mi vida al juego. Entramos en casa, ellos se instalan en una alfombra escogida, según parece, al azar. Es en ese preciso instante cuando le pregunto a Ubac con la mirada, sabrá decirme francamente si quiere acompañarme o quedarse con las damas. En cada ocasión espero que se levante para seguirme, pero sé que ese trío se pone nervioso si la cuenta no sale. Ubac hace lo que quiere, es esencialmente libre, más o menos una de cada dos veces, pero en este asunto el equilibrio no es ni mucho menos la simetría. Cuando salgo solo a veces lloro, de felicidad, de rabia, un poco de todo. Coloco la furgoneta en la pista que sube desde la cabaña, parece un despegue. O más bien un desprendimiento.

El pretexto inicial, poblar el mundo de Ubacs, rebosante de buenos sentimientos y mala fe, ya nos lo hemos quitado de la cabeza, es más, creemos que fue una equivocación. Cuando dejamos en casa a los tres, el objetivo de sacudirnos la culpa de abandonar siquiera a uno fracasa rotundamente. Seis ojos nos hacen comprender que siendo tres seres siempre seremos menos que siendo cinco, que lo único que cuenta es el todo, y a partir de ahora la soledad será colectiva. Según los días, uno u otro hace el papel de condenado a muerte y los otros dos de familia desconsolada. Les funciona muy bien: para partir sin sentir remordimientos se necesita toda la dureza de Mathilde o la mía, y, cuando ninguno de los dos la tiene, las bolsas vuelven a casa y ellos se salen con la suya.

Aunque el efecto de grupo juega sin saberlo con nuestras debilidades, también tiene su fuerza: protege, mima y fortalece al individuo. Surge la feliz anomalía de una unidad que no olvida las identidades, sino que las sublima. Cordée es Cordée, Frison es Frison, nunca reducidas a perras de compañía de un perro que carecía de ella. Las relaciones varían. Tratamos de entender los vínculos que se establecen y es desconcertante: aunque Cordée, de año en año, parecía haber asumido el papel de hermana de Ubac, su hija Frison lo será hasta el último aliento, ya sea por la fuerza de la sangre o por una atribución nuestra. Según esta lógica, Cordée debería ser una tía para Frison, pero son como hermanas; en una palabra, no hay nada realmente establecido salvo el valor esencial de cada uno. Ubac está ahí, nada diluido por el número sino elevado a ser original del que procede todo, es la fuente. O la fusión, si lo preferimos. Aunque hay menos relación dual, su unión merece todas las nostalgias, Prévert se alegraría, aquí *nos entrevivimos*.[13] Cada uno de nuestros animales tiene su carácter y una pequeña reproducción del de los demás, apenas la bastardía necesaria, que se difunde hasta nosotros. A veces Mathilde y yo nos olisqueamos el cuello. Nos animalizamos alegremente. Los viejos amigos dicen que nuestras maneras caninas no son nuevas, esa clase de amor, bromean, no es el que se hace entre hermana y hermano.

Nos hemos dado cuenta de otra de nuestras equivocaciones. Pensar que si uno de nuestros perros muere, nuestra tristeza, gracias a la memoria viva de los otros, será menor es una tontería. El corazón no funciona así, no es un músculo como los demás, las fibras desgarradas no se reparan. Porque al dolor de la pérdida, ahora lo adivinamos, se añadirá el de ellos y el de no volver a verlos juntos.

13. Jacques Prévert, en *Paroles*, juega con el verbo *entretuer*, matarse unos a otros: «En este mundo los hay que se *entrematan*; no es divertido, lo sé. También están los que se *entreviven*. Me iré con ellos». *(N. del T.).*

Cuando muera Frison, durante una semana Cordée será incapaz de andar. Ningún veterinario sabrá qué hacer, la ecografía no detecta el amor. Ella se tambaleará y se caerá cada diez pasos, será debido a la falta de vigor y, creo yo, a las ganas de morirse. Vivir solo evita muchas penas.

Nuestra vida y nuestros equilibrios serán así durante años. Habremos conocido la fuerza de la manada, sus abundancias y sus desórdenes, y nada podrá ya arrebatarnos el haber vivido así. Porque en el desorden, sí, una vida es más plena. ¿Quién no ha comprobado alguna vez, en la caja del supermercado, al ordenar metódicamente su bolsa, que no cabía todo lo que antes había amontonado de cualquier manera?

Al albur de los cambios, las mudanzas, las estaciones de una vida, todo se multiplicará por tres y más, lo exponencial jalonará cada uno de nuestros días. Las tribulaciones no escaparán a la regla: Cordée la coja, Frison con quimio y Ubac avejentado. Siendo tres, si las alegrías hacen pocas pausas, las preocupaciones también.

Como todas las autonomías, la felicidad suficiente de estar juntos nos cobija y nos aísla. Solo habitamos la cotidianidad a medias, vivimos en alguna parte a nuestro aire, sin odiar a los hombres, pero demasiado retirados por nuestra dedicación a los animales. Estamos prevenidos contra la invasión canina y las burbujas demasiado espesas, pero es una realidad progresiva: nos salimos un poco del mundo. Los humanos que temen los comités de bienvenida tumultuosos vienen menos a casa, nosotros declinamos ciertas invitaciones por precaución o por miedo a invadir, aplazamos planes que requieren libertad plena, todo se espacia y, a pesar de nuestro firme propósito de no caer en la postura de los solitarios que rehúyen a sus semejantes, a pesar de que amamos a los hombres, nos parece que muchos de ellos dejan bastante que desear. Los perros, los animales en general, para quien se sitúa a su nivel, ponen el listón muy alto. Todo esto, con trazas de desdén, es en parte obligado y en parte deseado, una trayectoria natural, en definitiva. «Es así», decía sin resignación el abuelo Lulu. Todavía no sufrimos las pérdidas debidas al aislamiento; si se producen lo harán más tarde. Entablamos algunas amistades perrunas, reuniéndonos con diez de ellas para hacer salidas colectivas por el bosque, pero no nos gustan demasiado los grupos, sobre todo los que están unidos por certezas comunes. Evitamos aparcar nuestra furgoneta en la compañía tranquilizante de otras autocaravanas, por ser poco proclives a hablar de GPS, 2,3 litros y otoños andaluces. Preferimos la vida en sí que examinarla. Pasa lo mismo con aquellos a los que, pese a todo, apreciamos mucho porque aman a los animales: los mimitos y el estudio comparado del contenido de omega 3 en el pienso nos carga un poco. En esas salidas colectivas siempre llega el momento en que uno de los hombres, aquel que tiene el perro más germánico, quiere sacar una foto de los diez sentados, inmóviles, sonrientes y, buena idea, en orden cronológico. Nunca lo consigue, por suerte la indisciplina es contagiosa y si hace falta animamos lo más discretamente posible a uno de nuestros tres canes a salirse del encuadre. Luego volvemos a juntarnos y partimos.

Se parece condenadamente a la huida o al desdén, pero ¿es tan deshonroso? El mundillo que nos rodea se ha acostumbrado a nosotros; somos «los dos, ya sabes, los dos con los tres perros» y esta definición nos gusta, porque nos parece que no borra nada de la vida ni la reemplaza; al contrario, la granula de asperezas que atrapan todo lo que pasa a su alrededor, como esa cosa indefinible que se llama felicidad. Somos tan felices que eso me asusta; deberíamos dejar algunas migajas a los demás, estoy seguro de que se puede morir por haber recibido demasiada. Hasta me parecería justo.

Entre nosotros y todo se ha instalado algo, y durante mucho tiempo, si no es para siempre, mantendré esta relación insular con el mundo. Ya puede este alborotarse o derrumbarse a nuestro alrededor, nosotros solo tenemos una manera de salvarnos: recogernos en este asilo ideal y contarnos. Cinco. Número mágico cuya única debilidad es desconocer el infinito, y un día, ya lo sabemos, decrecer y deshuesarnos. Pero luchamos por mantenerlo. Los cálidos anocheceres de verano Mathilde y yo sacamos a la terraza de Le Châtelet uno o dos colchones y dormimos al sereno en medio de los otros tres y de algunos mochuelos en vela. Caen estrellas fugaces y entre nuestras exigencias más inconfesables no encontramos un deseo superior a que todo esto continúe.

# TERCERA PARTE

## 19

Es uno de esos días de cada dos en que Ubac y yo nos vamos por nuestra cuenta. Un jueves.

Las damas en Le Châtelet, los caballeros en Belley, esta distinción no es la marca de la casa, pero hoy hacemos una excepción. De madrugada Ubac tiene dos maneras de darme a entender que desea ser mío. Al regresar del corto paseo higiénico, cuando las dos perras bajan a la cabaña, él se queda atrás, se hace el remolón, se planta al pie de la furgoneta y no se mueve de ahí. Si nos hemos quedado dentro, en el momento de despedirme de ellos, cada uno acostado en su alfombra, se levanta, me clava los ojos y tensa todos sus resortes. Le pido confirmación: «¿Quieres venir?», y él empuja la puerta con el hocico sin decir adiós a la familia. Puede que se hayan despedido antes. Desconozco por qué a veces desea acompañarme, desde luego no es porque yo le necesite, porque esta necesidad la tengo siempre. Les digo a Cordée y a Frison, dispuestas a seguirle, que también las quiero, luego a Mathilde, que vuelve a estar adormilada y a quien no se lo digo bastante, pensando que basta con demostrárselo:

—Ubac viene conmigo, hasta la noche o hasta mañana, te llamo para confirmártelo.

Le abro a Ubac las dos puertas de la furgoneta, lateral y copiloto, él escoge. Hoy toca delante. Le empujo un poco el trasero pero sus bríos lo hacen casi todo. Me alegra volver a estar los dos juntos. En la furgoneta siempre hay una bolsa de pienso, por si acaso.

Durante los primeros kilómetros escuchamos la *matinal* de France Inter, cómo anda el mundo tras una noche sin noticias, y Thomas Legrand[14] nos brinda en cuatro minutos la ilusión de ser lúcidos. Nos desviamos por Bourget-du-Lac, así lo exigen las galletas de chocolate de la panadería Claret: mientras que muchas se conforman con unas pepitas de adorno, estas las tienen a cientos dentro. Me digo que sería más razonable comprar solo dos y no tres, así que cojo tres pequeñas. Para aliviar la conciencia y el estómago le doy la mitad a mi copiloto, al diablo la prohibición de chocolate negro, Ubac está lo bastante asentado en la vida para no te-

14. Periodista político. *(N. del T.)*.

mer a unos gramos asesinos de teobromina. En la parte delantera del coche hay una bolsa vacía, muchas migas, ahora las caderas se mueven al compás de Marvin Gaye, es un maravilloso caos. Dentro de unos minutos estaré, de paso, entre las paredes de la sala de profesores, pero ahora estoy aquí, embozado en una alegría insensible a los lamentos.

Aparco cerca de las instalaciones deportivas. Mientras los alumnos pasan al vestuario le abro a Ubac, que conoce la consigna de ser discreto y se tumba al pie de la furgoneta. Desde lejos, bajo los sauces llorones, asiste a mi clase de medio fondo. Los alumnos dispensados, que suelen estar asignados a tareas visiblemente aburridas, tienen permitido acompañarle. Extrañamente, la tasa de esguinces y de perfiles asmáticos aumenta de semana en semana. Durante el recreo, mientras los jóvenes se entretienen con sus ligues y sus peleas, nosotros nos paseamos de forma algo precipitada, pero solos. Desearía que Ubac, como todo buen funcionario, defecase a las 10.30, pero su intestino reclama su derecho a la insumisión. Los compañeros me miran por la ventana. «¿Así que prefieres los perros a los hombres?», me preguntará por decimoquinta vez la de francés y por decimoquinta vez, entrando en su juego, le contestaré que «apreciar a todo el mundo es no apreciar nada».[15] Luego es jabalina con los de tercero, lección para

---

15. Cita de *El misántropo* de Molière. *(N. del T.)*.

la que Ubac me pone una nota pedagógica muy halagüeña, a los niños se les veía muy contentos, único criterio en su elección de lo que vale la pena que se enseñe. A la hora de comer pasamos a dar un abrazo a Jacqueline y a André. Los echo de menos, son mis abuelos adoptivos, solo me quedan ellos. A veces, cuando la vuelta a Beaufort me agota de antemano, me quedo a dormir varias noches en su refugio. También querría que ellos fuesen eternos, sabríamos qué hacer con el infinito. Este jueves mi plato está allí, comida de domingo, como cada vez que les visito, carne en salsa de mantequilla, aceite y nata, nunca me atrevo a decirles que soy vegetariano; al estar privados de tantas cosas no lo entenderían. Bajo mi silla un socio carnívoro me ayuda a no ofenderles. Tarta de arándanos, café y licor de vulneraria que nunca ha matado a nadie, luego petición conjunta de los Carrel y Ubac de pasar la tarde juntos. Por supuesto que sí.

Hacia las seis me paso a recogerle. Aún me queda tiempo y ánimo para reunirme con las chicas, de modo que contesto con un «no» educado cuando André me propone un chupito de Pernod que, bien lo sé, de chupito no tiene nada, lo sirve sin agua y me dejaría aquí clavado.

Ubac vuelve a saltar delante y partimos. Regresamos. En la radio, *Un día en el mundo* vuelve a decirnos lo variado y titubeante que este es. En la rotonda de Virignin, la primera del trayecto, por la derecha llega una especie de camioneta a la vez que nosotros, oigo que frena y me decido a entrar. Como a ella se le ocurre lo mismo, ambos frenamos en seco haciendo chirriar las ruedas; reflejo de padre, extiendo el brazo hacia mi acompañante, como si la palma de la mano pudiera sujetar cuarenta y cinco kilos. Los ocupantes del otro vehículo, dos jóvenes, pegan fuertes bocinazos, hacen grandes aspavientos, entre ellos una enérgica peineta, y vociferan como todos los valientes dentro de su buga. Bajo la ventanilla para decirles lo mucho que yo también les quiero; esto no salvará a la humanidad y esta noche, avergonzado por haberme dejado llevar, me haré el propósito de enmendar la estupidez. Por lo general las cosas acaban así: cada macho se golpea el pecho para asegurarse de que es el más fuerte y vuelve a su tribu para contar una pelea titánica en la que él es el héroe.

Continúo mi camino. Me siguen de cerca, se pegan a mí, dan volantazos, se apartan y lanzan ráfagas. Han debido de ver que estoy solo. La idiotez y el atrevimiento suben de nivel. Pasamos el desfiladero de Balme que encajona la vía y llegamos a Yenne, donde renace el cielo. Ellos siguen ahí, el efecto de grupo no suele ser lo mejor.

Llega el momento de decir basta, ¿es que van a seguirme hasta casa, donde no pintan nada? Como chófer bien educado, pongo el intermitente derecho y paro en una especie de pequeño aparcamiento al borde de la carretera.

Un cartel bucólico dice que la pausa se impone y la basura no se depone. Los dos *cowboys* hacen lo mismo, frenando muy fuerte, como en las películas de Clint Eastwood. «Vaya par de gilipollas», le digo a Ubac; con ciertos hombres hay que usar las palabras adecuadas y no andarse con florituras. Esta vez la furia va a salir de los habitáculos. Yo salgo, ellos salen y nos encontramos entre los dos vehículos. Uno de ellos lleva un falucho, esos gorros de estudiante de medicina pequeñoburgués que bebe Malibu coco cuando quiere hacerse el canalla. La lógica de las gónadas entra en escena, me recuerda a Choux y sus pistas de baile, en las que invariablemente, después de The Clash, los pogos y los *blanc limé* a tres francos cada uno, nos peleábamos contra el enemigo de esa noche, los jugadores de rugby contra los de las barriadas marginales de la ZUP, el liceo Painlevé contra Arbez-Carme, los pretendientes de la misma Séverine, esas noches de cogorza en las que dábamos lo mejor de nosotros mismos en aras de la gilipollez.

Los tipos tienen los ojos de un rojo sangre que no es normal, mala señal; en realidad no es a ellos a quienes me estoy enfrentando y puede que sus dobles sean unos valientes. Empezamos a discutir, a gritarnos, cada cual decidido a demostrar que tiene razón, que es el más fuerte y que el otro debe someterse, una historia de machos alfa, la de la guerra de los botones, la de la matanza de los siux.

Con uno de los tipos, que me parece el jefe, nos acercamos las caras hasta tocarnos la frente como hacen los futbolistas, pero sin tanto paripé; el otro, le oigo, se va colocando detrás de mí; cuando era niño, al que atacaba por la espalda le echaban de las peleas y las patatas fritas en la cantina se convertían para él en un sueño lejano. Seguramente todas las crónicas de sucesos empiezan así, por una nimiedad, con unos hombrecitos puestos de puntillas, luego el arrebato luego el orgullo hasta que solo quedan los días donde ya no existen los límites, no hacen falta criminales patentados, para el odio los hombres se las arreglan muy bien solos. El que tengo enfrente me agarra del cuello, yo hago lo mismo y nos empujamos por primera vez. «¡Cálmate!», me grita, su cuerpo todo lo contrario. El otro me da una especie de colleja en la nuca como se hace con los niños revoltosos, y con el que tengo delante nos agarramos otra vez, más fuerte, más decididos. Ya no es posible dar marcha atrás, esto acabará mal para uno de los dos, en el suelo, sin fuerzas, rindiéndose y disculpándose. Pasan docenas de coches.

Justo cuando nos dan los dos primeros tortazos, aparece él.

Ubac está ahí. Me da tiempo a pensar que es imposible, porque estaba delante y con las portezuelas cerradas. Eso aumenta la sensación de irrealidad. Ladra en un tono que no le había oído nunca y que les dice a los otros «alto si no queréis morir». Se abalanza sobre el primer tipo, el jefe aparente, su prioridad, choca contra él con un ruido de puerta pesada y le enseña todos los dientes. El fulano está en el suelo, tres buenos metros más allá, con un fuerte golpe en la cabeza. Si insiste dejará allí un trozo de carne, del muslo, de la garganta. Ubac avanza dos pasos, con la cola horizontal, los colmillos fuera, una mezcla entre perro y lobo. De espanto, de miedo a morir, los dos maromos se quedan inmóviles.

—¡Llama a tu perro, llama a tu perro, te digo!

—Y si no, ¿qué?

Por muy ridículas que nos parezcan estas batallas, cuando vamos ganando nos venimos arriba.

Ubac mira a uno, mira al otro, con el pelo erizado, las patas delanteras un poco arqueadas y las traseras listas para saltar, los belfos en lo más alto. Les enseña claramente que podría matar y que en la justicia de los perros se contempla esta pena. Con una mezcla de ferocidad y desprecio, ya no ladra, gruñe con fuerza, con todo el vientre, es aún más aterrador. La intimidación ha terminado, ya solo queda la acción. Se me ocurre que no puedo controlar a mi perro, lo cual es cierto, este perro ya no es realmente mío. El otro tipo, murmurando asustado, se mete en el coche a cámara lenta, espero que se haya meado encima. Temo que salga con un arma, una barra o cualquier otra cosa para atacar a Ubac. Un coche reduce la velocidad y nos observa, ¿se equivocará de agresor? El segundo también retrocede lentamente, de espaldas, hacia su camioneta, jurando que he tenido suerte, que nos volveremos a ver las caras y que no siempre tendré al puto chucho de mierda conmigo. Me gustaría partirle la cara por haber insultado a Ubac. Se van como habían llegado, violentamente, peinetas por la ventanilla y polvareda ruidosa.

Todo queda en silencio, Ubac se calma, en un instante sus miembros se relajan, por fin sabe qué hacer con la violencia: prescinde de ella. Inmediatamente pasa a otra cosa, olfatea el lugar, orina a la derecha, a la izquierda, y quiere ir a pasear. Mi primera idea era largarme de allí. Él no alardea de ninguna victoria, no se pavonea, no sobreactúa, si yo fuera el vencedor ya habría dado dos vueltas de honor. En el fondo es un animal. Yo necesito caminar, apaciguar el corazón, quitarme ese peso de encima del esternón. Aparco mejor la furgoneta y descubro el intersticio por el que ha salido Ubac. Una ventanilla algo abierta, la mitad como mucho, digamos cuarenta centímetros, un salto desde el asiento al suelo asfaltado, no entiendo cómo es físicamente posible. La noche siguiente soñaré con él atravesando las paredes. Después de semejante salto inspecciono sus rodillas frágiles como quien recoloca el casco a un soldado después del asalto. Se deja, es cabal, me hace creer que me necesita. Nos adentramos en un sendero. Qué bien sienta el silencio, la naturaleza apacigua, prefiero su violencia a la de los hombres, aquí es como si todo fuese nuevo y prometedor. Pienso en la audacia, en la valentía y en todas las excusas por tener miedo. Llamo a Ubac, que se ha distanciado, me hace caso y vuelve. ¿Cómo es que este noble caballero me obedece? El mundo está hecho al revés.

Lo sabía, se lo proclamaba hasta a los sordos, y es verdad.

Ubac está dispuesto a morir por mí.

## 20

El jueves 13 de julio de 2017, alrededor de las 13.00, creo, Ubac murió.

Unos segundos antes había vida.

Estaba, me dijeron, tendido sobre el costado izquierdo. Después de millones de ciclos el derecho se elevó, sus costillas, solo se veían ellas, se levantaron, los últimos centilitros de aire, un aire bueno, pasaron, se hundieron y luego ya nada. Hay cosas, como respirar, que hacemos constantemente sin pensar que un día nos pondremos a ello por última vez, se acaba con una inspiración o una espiración, quizá dependa de las ganas: seguir o partir. Debió de oírse un suspiro, todos los grillos, en homenaje, se callaron y luego reanudaron su canto; seguramente, justo antes, Ubac miró el mundo a su alrededor y le dio un bocado infinito. El prado de enfrente, vaciado de vacas en veranada y agostado por un cielo azul de plomo, fue la última escena que le fue dado ver, él que adoraba el invierno. Su alma se volatilizó en un instante, un bejín que revienta, y su polvo de oro se refugió lo más cerca posible de los seres vivos. Cordée y Frison sintieron un aliento en su interior que se extendía como un trago de miel negra. Yo estaba en el postre y creo que reíamos.

Unos minutos antes Ubac hizo su ronda con la mirada. Se aseguró de que no hubiera ningún ser humano preocupado a su lado, una vida dedicada a la elegancia sigue siendo elegante incluso en las tonalidades de su fuga. Volvió la cabeza a la izquierda, a la derecha, y sus ojos a uno y otro lado, lo olfateó todo a su alrededor, lo único que su cuerpo aún podía hacer. Mis padres subían a cada poco del piso de abajo para asegurarse de que todavía estaba en nuestras filas de seres vivos, para moverle los miembros, para quitarle la gravilla pegada a los belfos y humedecérselos, para darle golpecitos en los huesos y decirle «buen perro» y rezar para que eso se acabara. Mis padres son seres disponibles, tanto para las fiestas fáciles como para las tareas pesadas, el amor absoluto se mide con esta polivalencia. Mi madre ya estaba triste por verme a mí abatido hasta el punto de olvidarse de que tenía derecho a sufrir su propio dolor. Se preguntaba, por las dudas, si tenían que avisarnos y cómo. Jean-Pierre decía que era mejor esperar a que volviéramos; de lo contrario podríamos acabar en la cuneta y sería peor aún. Acababan de pasar a verlo, Ubac tenía el campo libre para morir, una media hora. Es así como él quería que fuese la salida. Tranquilamente, solo. Ha convocado a sus dos perras, alegrándose de que ellas, que comprenden el más allá, sean partícipes, y les ha susurrado tres palabras para que luego nos las digan cada día. Ellas han lamido su trufa terrosa, que esté presentable, han sentido que pronto estarán solas para siempre y han gañido. Era la compañía que él deseaba y con ella le bastaba. Yo, para poder quedarme aquí, me machaco la mente con este convencimiento. Los pensamientos, fugaces, violentos, importunos que me asaltan y me lo representan horriblemente solo, temblando en su abandono, lidiando con su espanto y nuestra cobarde indiferencia, son invitaciones a reunirme con él que a duras penas trato de conjurar. Yo estaba a setenta y ocho kilómetros de allí, como si fueran uno o diez mil, da igual, no estaba ahí. Mientras comía puse el teléfono en el borde de la mesa, lo miraba compulsivamente, mis anfitriones se reían de mi manía de adolescente, yo no les había dicho nada, no era de su incumbencia, esperaba la llamada de mis padres, con un tono predeterminado, aguzaba el oído y todo mi cuerpo palpitaba al menor pitido. Bastaron unos minutos de sol abrasador para que apareciese en la pantalla del aparato un aviso de recalentamiento y puse inmediatamente el puto iPhone a la sombra. La pausa duró veinte minutos. Mathilde, por su parte, tuvo una avería y estaba en el arcén, el turbo se había rendido. El poder de este perro era tal que había manipulado nuestras máquinas para mantenernos alejados el tiempo necesario para la funesta escena.

Varias horas antes yo me había hecho la pregunta: ¿Por qué debería acudir a esta cita? ¿Qué acontecimiento en mi vida grandiosa y mediocre podía justificar que me alejara de mi perro? Ninguno. Entonces Ubac se puso a comer, una pasta demasiado cocida, él que llevaba dos días sin querer tragar nada. Bebió, un poco de mi boca. Su mirada salió de las cavernas, me dio un golpecito con la pata. En su curva que pronosticaba lo peor había como una pequeña colina, la onda P de un corazón que funciona. Era su último esfuerzo: convencerme de que eso duraría, sugerirme que era invencible y susurrarme que me fuera. Era mi salvoconducto y su deseo. Como ese día se parecía a los anteriores y Ubac los había superado, me dejé convencer por todas las razones que no lo son y decidí ir, seguro de volver a verle. Estaba convencido, le había jurado que moriría con la cabeza apoyada en el pliegue de mi ingle y su pulso abandonaría serenamente al mío. Le puse a la sombra en el jardín, porque no se podía mover, les indiqué a mis padres el recorrido del sol, hoy del este al oeste, y adónde había que moverle exactamente a medida que pasaran las horas. Ya se lo había explicado veinte veces, como todos los demás detalles, y ellos tuvieron la delicadeza de no decirme que ya lo sabían. Le limpié el bajo vientre y el trasero, que apestaban a pis y a caca, maté diez moscas.

Me despedí de Mathilde, que también se iba, nos abrazamos para infundirnos valor, convencidos de que el otro tenía más, yo me atareé con inútiles preparativos y apenas le dije «hasta la vista» a mi perro. Al salir me lo quedé mirando, solo eso; después de una vida siamesa, era la última vez, él lo sabía. Yo no estuve a la altura y este terrible error por mi parte aún me persigue, me encoge las tripas, y para combatirlo, cada noche desde entonces, allí donde me encuentre y haya o no nubes e independientemente de las estaciones, levanto la vista y saludo a Alnitak, Mintaka y Alnilam, las que más se asemejan a nosotros de todas las estrellas.

Días atrás nos parecía que Ubac no había empeorado. La muerte es una escalera hacia abajo y sus rellanos hacían creer en la calma. Aunque tenía motivos para alarmarme: Dédé, del bar de Arêches, me dijo un día que antes de morir la salud mejoraba un poco, a veces mucho, es como un jubileo. El hombre sería como el aguacero, recuerda al mundo su presencia con grandes goterones finales y se acabó, calma chicha.

Pasábamos todo el tiempo juntos, así no puede apreciarse tanto el declive. A pesar de sus ladridos sordos, roncos, sepulcrales, de esos momentos en que jadeaba fuerte, como los últimos tumbos desordenados de un corazón, y de sus ojos, ajenos, insondables y gélidos. Parecía que capitulaba, lejos de esa supuesta paz. Mathilde y yo nos mirábamos para esquivar su llamada a acabar de una vez y, como ninguna vida, por tenue que sea, es constante, la suya se reanudaba, quizá regresaba. La violencia desaparecía, su respiración se calmaba, él miraba, ya no fijamente, comía un trozo de queso, lamía un poco de agua y parecía muy contento cuando Cordée y Frison se acercaban a animar su metro cuadrado. Hasta hacía un amago de mover la cola. Eso nos reconfortaba. Así de fluctuantes somos los hombres: cuando la vida se apaga sabemos entreverla en cualquier resquicio, por pequeño que sea; si es abundante, la desdeñamos. De modo que, confortados por esas señales insignificantes, aplazamos la única decisión válida. Le felicitamos por aferrarse a la vida, ese paso en falso de todos los que se quedan cuando el otro solo pide que le den ánimos para abandonarse a su suerte.

Pasábamos mucho tiempo limpiándole, curándole, sus escaras supuraban, tenía la mirada de un animal que se reprocha el ser una carga, nosotros le tranquilizábamos, no había nada comparable a amarle y estar con él. Vivíamos en el suelo, a su nivel, con las cabezas juntas, le mimábamos en exceso sin olvidar a las otras dos, con quienes Mathilde y yo aspirábamos una bocanada de aire y de estar vivos, que corren, saltan y no esperan. Aprovechábamos para gritar con ellas en el bosque. Los días eran intensos, nos unían, aunque para eso no los necesitábamos. Llegaba la noche con sus protocolos de amor, Ubac estaba limpio, había comido un poco y tomado un Tramadol, Cordée y Frison se acostaban a su alrededor, nosotros también. Todos hacíamos lo mismo al mismo tiempo, cualquier variante era una rareza. Los tres se tocaban con la punta de la pata, como para recargarle. Cundía esa dulzura crepuscular, por mucho que se diga que los crepúsculos son los momentos de la angustia. Ningún sufrimiento aparente. Luego nos levantábamos sin hacer ruido y subíamos al altillo, desde donde les veíamos dormir, apretujados y en calma. Creo que cada uno de nosotros dos soñaba con que esto acabara así, en el calor evanescente de un hogar y con cuatro despertares de cinco. Ya sabemos que la función misma de los sueños es parecer valientes.

Al principio de la semana, quién nos lo diría, con lo que detestábamos las agendas, hablamos de cómo iba a ser. Yo tenía que viajar el jueves a Chamonix y los días siguientes los dedicaría exclusivamente a escribir, sin salir de casa, buen plan. Le insistí a Mathilde que hiciera una escapada, que fuera a ver el mar, que corriera por la arena de Rivedoux y se embriagara de viento, que se llenase de vitalidad por nosotros; si estamos los dos juntos nos deprimimos más fácilmente. Tras largas horas de negociaciones para definir el egoísmo, la vida que no debe parar y la inutilidad de estar quietos, convinimos en que el jueves era el mejor día. «Calla...», me dijo entonces Mathilde, temerosa de que Ubac lo oyera y se programase. No había nada que el perro no pudiera entender. Nosotros nos pusimos a cuchichear, era estúpido.

Varias semanas antes ya se planteaba el fin, rondaban los terrores de la muerte.

Me preguntaba si Ubac tenía conciencia de su finitud y lo cerca que estaba; creo que sí, ¿acaso en África los animales no van por sí mismos a los cementerios? Sabíamos que el verano estaría dedicado a él, que no podíamos dejarle en casa y que no nos moveríamos de su lado. Una evidencia. El verano es una estación maldita para los perros, la gente los abandona para vivir mejor, los refugios o los hoyos en la tierra se llenan. Le decíamos una y otra vez que no nos importaban las escaladas, las tardes agradables y las noches al aire libre, que él no debía sacrificarse por esas nimiedades. Sabíamos que iba a ser un verano duro, mejor olvidarse de Entrèves o Vallouise, tendríamos que lidiar con una situación trágica y, de la mañana a la noche, con la agobiante sensación de que en todas partes menos aquí la vida era ligera. No era agradable ver cómo él, el magnífico, el ser vigoroso que corría por las cumbres, no era más que un viejo achacoso, todo el día tumbado, ver su pelaje aterciopelado convertido en un pergamino seco como la paja, ver las listas grises y los infames bultos pálidos que habían devorado el bonito rosa de sus belfos, marchitos como una manzana olvidada, y nuestro reflejo se empañaba en sus ojos caídos. No podía hacer nada por él; ¿sabía, o pensaba, que yo no usaba mis poderes para salvarle? Ante ese espectáculo, a veces me refugiaba en el despacho para llorar a litros, y cuando volvía a tener los ojos secos me acercaba a él con una amplia sonrisa, él me miraba como diciendo que lo sabía, en el idioma del corazón no se oculta nada, solo pensar en ello es una deshonra. Cuando una rabia triste por verle tan incapaz nos invadía, nos asegurábamos de no dirigirla contra él, y cuando brotaba violentamente por todos nuestros poros la desviábamos hacia ese agricultor imbécil, el fisco o, si no tenía otra cosa a mano, hacia las paredes encaladas en las que la piel de mis dedos firmaba su impotencia con trazos de rojo vivo. Cordée y Frison le querían con locura, le lamían, se acurrucaban a su lado; los animales se cuidan entre ellos, si un somormujo hubiera pasado por allí, le habría tapizado el estómago con sus plumas protectoras.

Habíamos improvisado para él una cama de palés con una bandeja de plástico para recoger sus orines sin que se angustiara; Ubac llevaba muy mal lo de ensuciarnos la vida. En cuanto a las deposiciones, ya no había casi, todo lo que era sólido desaparecía. Le empapábamos el pienso en agua para hacer un caldo infame, pero era lo único que se dignaba a comer. Celebrábamos cada comida como una victoria. A veces lo llevábamos fuera para que renovase su aire. Lo metíamos en la furgoneta y lo colocábamos en lugares de horizontes cambiantes, las perras daban vueltas a su alrededor, en el lago, en el collado, en la linde de ese bosque que él había explorado a fondo; antes de morir mi padre quería ver el mar por última vez. Nos ocuparemos de él hasta el final. Yo descargaba mi odio contra el primer paseante escéptico, un odio al que sin embargo me había propuesto no ceder nunca. Nos separábamos aún más del mundo, soportando cada vez peor la mirada compasiva de las pocas personas que pasaban por la cabaña y, sin atreverse a decirlo, parecían pensar que esa escena angustiosa no era una vida. No lo soportábamos porque era verdad. Apestaba a muerte por todas partes y nosotros nos negábamos a ser valientes. Siempre habíamos pensado que lo seríamos, que le evitaríamos las horas excesivas, que no nos equivocaríamos nunca por amor, que estar unidos a los perros nos permitía ese lujo insólito de librarlos de la indecencia, a diferencia de los hombres.

Cuando no se plantea esta cuestión la respuesta parece clara, pero cuando se da el caso, para nosotros, por nosotros, las claridades se ensombrecen. Aunque Ubac y yo hablábamos de todo, nunca me había señalado sus últimas voluntades. «Hay que llevarle, le debemos al menos eso, ofrecerle un fin honorable, lo mismo que a los demás». Ninguno de los dos osaba decir «sacrificar», menos aún «eutanasiar», son palabras demasiado frías, metálicas, decíamos «llevarle», nos parecía que así no era tanto un abandono. Ninguno de los dos osaba sugerírselo al otro, para no quedar como el aguijón de su final durante el resto de nuestras vidas mezcladas. Qué derrota. Un perro, con su paso, aumenta tu existencia y, no para agradecérselo sino para estar a su altura, basta con un gesto, dos jeringas, una de valor y otra de dignidad, y nosotros somos incapaces de ello, jugando con la deshonesta confusión de que sacrificar sería robar. Cuando en realidad es enaltecer.

Y el aliento de esta maldita vida nos ayudaba oportunamente a ser cobardes. Ubac, a ratos, se espabilaba. Tenía sus destellos y entonces quería atrapar las pelotas con la boca, la última en librarse de la parálisis; lo veíamos como una mejora cuando probablemente no era más que un residente senil que volvía a jugar al parchís. Ladraba con vigor unas notas que parecían alegres y toda la casa se hacía eco de su vuelta a la actividad. En esta situación, el menor enderezamiento era una victoria. Luego posaba tranquilamente la cabeza en mis piernas, con mi mano en su pelaje de olor invariable, nuestros latidos se moderaban y esa dulzura sentaba bien. Yo pensaba en resurrecciones: alguien, allá arriba, ante un fervor tan singular, con una justa ordalía iba a obrar el prodigio, no se perdía nada por creerlo. Todos nos sentíamos mejor viéndole vivir y olvidando, siquiera un momento, que no estábamos a la altura. Todavía hoy me pesa esta falta de valentía y la temo, los dos habíamos firmado un contrato enfitéutico. ¿Qué pensaba mi querido Ubac de todo esto? ¿Se sentía halagado por nuestro amor tenaz? ¿Se sorprendía por nuestro egoísmo? Nosotros también morimos sin saber. Con Frison, y luego con Cordée, lo haremos de otro modo, con decisión, la vida nos habrá enseñado a ser leales; ¿hacer lo debido nos hace mejores, como se suele decir? Lo dudo, solo es pasar de carcelero a verdugo y la muerte, que yo sepa, no tiene por objeto que se viva mejor; hagamos lo que hagamos, es un momento en que una furia culpable anula estas convicciones, por firmes que sean.

Varios meses antes no decíamos «decrepitud» sino «hacerse viejo», suena bastante mejor. Aquella lleva en sí la negrura, este la ternura.

Ubac iba a menos: menos distancia, menos velocidad,

menos tiempo, menos frecuencia, pero eso era todo. Aun así evitábamos las costumbres y las constantes, esas que, con sus etapas sucesivas, muestran con demasiada sinceridad el deterioro. Todo iba suavemente, sobre todo el hacerse a la idea de que iba apagándose. En el lago de Saint-Guérin, Cordée y Frison rodeaban toda su orilla, Ubac se daba la vuelta en el puente nepalés, iba pasito a pasito y los reencuentros eran una auténtica fiesta. Mathilde y yo, acostumbrados a las diferenciaciones pedagógicas, nos reíamos con esos grupos de distinto nivel y tendíamos a olvidar que en el perro la vejez también va más deprisa.

La vitalidad de las perras alrededor de Ubac chirriaba, pero la coexistencia de unas generaciones y energías distintas daba a nuestro círculo trazas de tribu gobernada por su sabio amghar. En ocasiones Cordée, la centinela, y Frison, con su voz potente, encabezaban el trío, descargando al decano de las tareas de vigilancia y cuidándole sin ocupar su lugar. Después de haber criado a una especie de niño, de haber acompañado a nuestro recluta, nos ocupábamos del abuelo. Entre la acogida y el duelo hay un suspiro, tan solo se necesita saberlo y asumirlo. Como las etiquetas de vacunación ya no cabían en la cartilla sanitaria de Ubac, el doctor Forget, muy ufano, creó una nueva carpeta titulada *Ubac Old*, que a su juicio era más distinguido que «viejo». Llevaba tres años diciéndonos que a lo largo de su carrera no había conocido a muchos boyeros de una edad de dos cifras; se ve que lo que firmé en la cocina con peras de la señora Château era de primera. El doctor Sanson nos decía riendo que cuando Ubac cumpliera veinte años escribiría un artículo científico y se haría rico. Su sonrisa también decía que no había que creer mucho en la eternidad.

Ubac ya no se subía solo a la furgoneta, a su furgoneta. Para bajarle nos rompíamos la espalda. Le preguntaba cómo podría sobrevivir con una pareja de jubilados, bromear es un dique como cualquier otro contra el destino implacable. Luego hubo que levantarle sistemáticamente el tren trasero, él todavía se hacía cargo de mover las patas delanteras. El más mínimo paseo se convertía en una proeza física para él y requería nuestro ingenio y también un esfuerzo lumbar. Todo era evidentemente más arduo; el falso mármol de casa de Doune, una verdadera pista de patinaje en la que se caía, con ojos llenos de perdón; la nieve en polvo que tanto le excitaba ahora le inmovilizaba. Para que hiciera sus necesidades lo sosteníamos por detrás; al primero que se riera de esta postura equívoca —los apuros ajenos son una diversión barata— le descargaría toda mi rabia contenida. En nuestra microsociedad ahora había un inválido. Una de sus últimas consultas tuvo lugar en la furgoneta, en el aparcamiento de la clínica de Albertville, para evitarle un desplazamiento doloroso y el espectáculo patético de un amor confundido.

Forget le miraba de otro modo, ya no nos reíamos, ya no estaban Mathilde ni Cédric.

—Tienen que prepararse, señor y señora Sapin-Defour.

Desde el primer día, triste cometido, eso fue todo lo que hice. La cosa que le inmovilizaba lentamente ya no tenía sufijo en «oma» ni en «itis», que explica y contra el que uno puede gritar su furia. No eran más que los mordiscos del tiempo, bálsamo o veneno, según lo que se espera de la vida.

Pero todo seguía siendo dulce, Ubac estaba ahí, entre nosotros.

A veces envidio a las personas mayores sentadas junto a la lumbre, que miran por la ventana, leen y lo hacen todo despacito. Me parecen aliviadas de la tiranía del tener que hacer, tomándose su tiempo para todo y convirtiendo, con una dulce convicción, la decadencia en una suerte de sabor. Ubac me daba a menudo esta impresión, no tanto de cansancio como de un reposo sereno. Se acabó el saltar los arroyos y quizá fuera mejor así, dar paso a las alegrías de no hacer nada o hacerlo muy despacio. El miedo a morir no flotaba. Pero sí el de no vivir más.

Sentado en el suelo, Ubac, como de costumbre, apoyaba todo el cuerpo en las piernas, nuestros pulsos, uno contra otro, latían cada vez más fuerte, esas percusiones resonaban por el suelo. ¿Habían menguado nuestras envolturas, o nuestros corazones, a fuerza de latidos, habían crecido? No nos lo planteábamos. No hay nada que la acción combinada de la esperanza y la ceguera no pueda amordazar.

Mathilde y yo estábamos convencidos de sentir por Ubac un amor total, capaz de ahorrarle sufrimientos e impedimentos extremos. Haríamos todo lo necesario. Por otro lado, y con un convencimiento equivalente, nos decíamos que los animales saben morir y que para eso tampoco tenían ninguna necesidad de nosotros. Pero de momento nos parecía que lo mejor era seguir juntos. A menudo poníamos *Mahone* de los Pogues a todo volumen. Trece himnos a la vida relanzada incitándonos a prolongar el baile y no disgustarnos con los recuerdos. Durante estas excitaciones, Ubac ladraba y resoplaba de lo lindo. Una noche, en la barra de la cocina, había un globo violeta de goma descolorido, en él estaba escrito Fiesta, no sé cómo había ido a parar allí pero quedaba bien. Lo cogí, se lo acerqué a la boca y recogí su aliento; el globo se empañó por dentro, se estiró y se hinchó un poco. Hice un nudo que aprisionaba esa parcela de vida y le rogué que tuviera que deshacerlo lo más tarde posible.

Varios años antes, alrededor de Ubac había una despreocupación triunfante y la creencia de una vida sin fin. El mañana nos traía sin cuidado. «De hierro, de fuego, de acero y de sangre», estaba hecho de eso. Nada parecía poder reducirle. Ubac era macizo, fornido, el tabique de nuestro pequeño mundo. Cuando los veterinarios, por esto o aquello, le rasuraban una parte del cuerpo, el pelo volvía a crecerle en un santiamén. Con él vivíamos con avidez el presente. Yo solo era consciente de un corte en el tiempo: había habido un antes de Ubac y desde entonces un Ubac; el amor corta la vida en dos.

Cuando paseábamos y él encabezaba a su tropa sacando pecho, ante su energía rebosante, siempre había un aguafiestas que exclamaba: «Lástima que ese no llegue a viejo». Yo les decía que se llamaba Ubac y no «ese» y que su comentario era acertado, porque contábamos con que fuera eternamente joven, y, si esos anónimos insistían en sus funestos presagios, les contestábamos, tentando la suerte, que ese era precisamente el motivo por el que nos habíamos hecho con un perro: ser felices durante menos tiempo.

Y seguíamos nuestro camino.

De eso hace siglos antes de su muerte.

Qué hermosa y triste sería la vida si se pudiera volver a trazar su curso de esta manera.

# 21

No hay duda de que has muerto, el aire se ha modificado.

Mi maldito teléfono ha vuelto a funcionar. He llamado insistentemente a Mathilde y a mis padres. Sonaba en un vacío sin fondo, un minuto después saltan los contestadores y sus mensajes grabados en los tiempos felices, las historias menudas también tienen su *belle époque*. Hicieron bien en no contestarme, qué más me habrían dicho, tu necrológica lo decía bien claro. Pero en la carretera entre Chamonix y Beaufort, de Plan Dernier al arroyo Pacots, esos lugares donde la vida nos había dado tanto, una parte de mí aún se aferraba a ella y rechazaba la idea de que esta obra tan grande terminara así.

Llego a la cabaña, aparco sin maniobrar. La puerta se entreabre con anchura de perro, Cordée y Frison corren y se abalanzan sobre mí, se agitan, se levantan, me arañan y me golpean, su acogida, que te absorbe, hoy es como un dique. No entres, ya no está. Aunque no se parece a la nuestra, no debo olvidarme de su pena.

Mathilde sale llorando, tiene la cara enrojecida e hinchada de quien ha estado horas así. Cruza las manos varias veces seguidas en horizontal, como en los deportes se señala un abandono, el cuerpo es el único que aún puede contarlo. Miles de veces he temido este momento y aquí estamos. Me preguntaba cómo sería, si estaríamos solos, si el viento soplaría, si sería el día o la noche a lo que no llegarías, qué ruidos haría la muerte, si acabaría conmigo en el acto o me consumiría a fuego lento. Imaginaba dónde podría ocurrir, pero cada vez decidía que eran lugares para otra cosa; salvo los muy desesperados, nadie sabe dónde le espera la muerte. De modo que es ahí, delante de un viejo y caro portón de madera, el sol camino del oeste, alrededor de la agitación de los animales y del mutismo de los hombres. Por la carretera pasan coches indiferentes, Armand, el vecino, me saluda, su jornada es una jornada. Me gustaría, creo, caer fulminado en el sitio, pero para eso se necesitan más agallas de las que tengo.

Tú estás en medio de la habitación grande, sobre la alfombra gris, la más raída de todas, con aspecto tranquilo, la cabeza vuelta hacia la entrada, en tu costado derecho no hay dos boquetes rojos.[16] No has muerto aquí, es imposible, te han traído a causa de las moscas asquerosas y sus cacas obscenas. El que algunas terminen su vuelo pegadas en la cinta de las vigas no me desagrada, así las pérdidas en los dos bandos se equilibran. Se diría que estás dormido, es poco lo que distingue el sueño de la muerte, salvo la esperanza del despertar. Bueno, en el fondo no se parecen nada. Mathilde y yo nos abrazamos fuerte, un brazo caído, el otro diciendo «ya está», casi «al fin». Nos inundamos el cuello, en las pequeñas pausas que nos permiten hablar le pregunto si sabe cómo ocurrió, en qué posición estabas tú, en qué lugar exacto de la terraza, a qué hora, en qué minuto. ¿Por qué frente a algo tan gigantesco necesitamos esos detalles nimios?

Te toco, te abrazo, te despeino, todavía estás ahí. Te cubro de caricias a contrapelo, las que sacan chispas. Hueles a ti. Reconocería tu olor en medio del arca de Noé. ¿Cuántas horas tienen que pasar para que la muerte apeste, borrando sin avisar los aromas pasados? Si me alineo contigo tumbándome en el suelo me miras, nos miramos y te guiñaré el ojo antes que tú. Tienes los ojos abiertos de par en par. En mis recuerdos de películas del oeste solo los valientes *cowboys* morían con los ojos abiertos, el alma del

16. Alusión al poema de Rimbaud *El durmiente del valle*: «con dos boquetes rojos en el costado derecho». *(N. del T.)*.

malo ya no tenía la vista sobre el mundo. Te abrazo con fuerza, piel contra piel, deshago tus nudos, es como si te amasara y entonces dos corazones vuelven a latir. Sueño con las tierras de Tánatos donde se simula la muerte para vivir en paz.

Voy a ver a mis padres, que han hecho lo que estaba en su mano y más. Nos decimos cosas tiernas, algo que de ordinario nos sale tan mal, un día ya no necesitaremos estar tristes para atrevernos. Lloramos. Mucho, uno tras otro, por cortesía, es como una forma metódica de que tus sollozos no interrumpan los de los demás. Ya sabes, entre nosotros hay que llorar, un duelo honorable siempre empieza con el agua del cuerpo. En la iglesia se consuela a quien llora por los muertos, que nunca lo haya hecho por los vivos es accesorio. Los hombres secos son sospechosos, solo vemos lo visible. Pero estas, créeme, son lágrimas surgidas de las entrañas, estaban esperando, en capas. No nos privamos de llorar, porque entre estas cuatro paredes la muerte de un perro es un drama. Luego vendrán el mundo y sus autorizaciones para estar triste; en la clasificación de las penas legítimas, la pérdida de un perro está mal situada, lejos, muy lejos del niño, del centenario, del soldado desconocido o de la tórtola de los bosques. Luego vendrá la violencia de las grandes diferencias: por un lado, una pena que lo cubre todo como lava; por otro, el desinterés de la gran mayoría, la incomprensión y la burla solapada, llorar por un animal, qué ñoñería. Este divorcio, que impide el duelo porque le faltan sus ritos colectivos, también nos ayudará porque nos une, convencidos de que nuestra desconfianza hacia los demás está justificada.

Mathilde y yo te arreglamos, te ponemos presentable. Luego cargamos contigo. Al pasar por la puerta una astilla se engancha y se lleva unos cuantos pelos tuyos, es la última vez que estás aquí, en tu hogar. Te subimos a la furgoneta. Con mucho cuidado para no hacerte daño. ¿Cuántas veces, cuando entrabas allí, te habré dicho que pesabas como un muerto? Ya hemos llamado al doctor Forget, nos ha dicho que lo sentía mucho y le creo. Te espera en Ugine. Cuando teníamos la posibilidad evitábamos esta sucursal de la clínica, nos parecía sórdida, con sus muros de color muerte, creo que sabíamos que un día la salida estaría allí. Como buenos animales de compañía, las dos perras querían saltar a la furgoneta. ¿Es inhumano dejarlas en casa? ¿Es inhumano dejar que nos acompañen? Acuden mis padres, hacen ademanes alegres, Cordée y Frison les creen y se quedan en el lado de la vida.


En la furgoneta te hemos colocado como a ti te gusta, con la cabeza entre los asientos delanteros. Huele a ti. Estás ahí. Nos volvemos varias veces para ver cómo vas; por lo general las curvas de Venthon hacen que te levantes, no te gustan, son demasiado cerradas, no es mareo pero jadeas, te gustaría que se acabaran, te impacientas, esperas que lleguemos a la última rotonda del Val des Roses, a las líneas rectas, y vuelves a acostarte. Entonces todo va bien, te has repuesto. Cuando Mathilde y yo nos damos la vuelta al mismo tiempo, nuestras miradas se cruzan y cada uno se entristece por la tristeza del otro. Podríamos rodar horas así, los tres, retrasando la separación. Yo, que vandalizaba las vitrinas de los taxidermistas, me pregunto: rígido o no, tú también podrías estar en una. ¿Qué hace a un ser, la carne o el alma? Comparado con el resto, el cuerpo, al fin y al cabo, es poca cosa, pero le faltaría el movimiento, y sin él no hay nada parecido a la vida.

Llegamos a la clínica, es tarde, los clientes se han ido y es mejor así, les ahorraremos miedos futuros y evitaremos miradas tiernas. Forget ya ha llegado. ¿Cómo puede ejercer este trabajo? No quiero que nos ayude a llevarte y él lo sabe. Ha vivido esta escena cientos de veces, pero nuestra historia no es una enésima. Te coloco sobre la mesa de diagnóstico, suena fuerte, son dos maderas que chocan. Me pongo del lado de la cabeza, como siempre, donde se cuchichea que acabará pronto y que eres un buen perro. No te harán daño, te lo prometo, hoy será leve. El doctor habla bajito como en los días de misa, no encaja con él, tampoco encaja contigo, luego el tono sube y ya cuadra más. Tratamos de evitar las banalidades, pero las rutinas son tenaces, es mejor así nos dice, ahora lo sabemos, nunca habrá nada mejor. Firmo los papeles, quién sabe si no llevarían meses preparados, como en *Le Monde* la necrológica de Simone Veil. En total solo he firmado dos papeles por ti, en casa de la señora Château y aquí; en materia de firmas los perros son más sucintos que los niños. Se lo digo al veterinario, que asiente, estoy a punto de decir: «Dos firmas no es muchucho», suele ser así cuando nos abruma la tristeza, una parte de nosotros nos protege, podría reírse de cualquier tontería y no parar nunca. Me pasa a menudo en los entierros, me troncho y mezclo las lágrimas, ni que rociaran a los muertos con gas de la risa. Y si en esta ocasión me hubiera dado por reírme sé que tu fantasma juvenil no se habría ofendido, lo habría tomado como un homenaje. Forget nos explica lo que sigue y es mejor hablar de logística. El jueves vendrá alguien a buscarte, no sabemos quién, dentro de un par de meses entregará televisores. ¿Qué harás allí, quién se ocupará de ti? Habríamos podido enterrarte en el jardín, al pie de los altramuces de Miage, pero entonces nos habríamos atado para siempre a la casa; si tú prescribes la inmovilidad no tiene ningún sentido. Será una incineración. Forget nos dice que hay incineraciones individuales y colectivas, te meterán en una bolsa blanca o rosa, la que elijamos. La idea de la mezcla va contigo, puesto que te has afanado tanto en hibridar a los seres, pero optamos por que ardas solo, una idea tonta de exclusividad, de pureza aterradora y de no perderte aún más. Espero que el señor del jueves ponga delicadamente tu bolsa en su furgón, si supiera lo que hay dentro... Dentro de unos días recogeremos una urna negro y oro, un cenotafio, ¿tú dónde estarás? Vendrá con un aforismo cursi sobre la eternidad, un dibujo mono y una semilla para plantar, más tarde una flor de brillo rosita. Evitaremos que te quedes allí, nos daremos prisa en hacer lo que nos habíamos propuesto: subiremos a la aguja de la Persévérance por la vía normal, porque estas palabras se han inventado para ti, tu tenacidad y tu arte de dar brillo a lo corriente. Abriremos la urna y con el viento del norte (por algo te llamas Ubac) tus cenizas irán hasta el valle de Aosta y más allá, hacia los piedemontes, vientos y pólenes, de horizonte en horizonte, fecundando bien el mundo. Algunos polvos caerán en las mesas redondas del Relais des Anges, donde bebíamos *prosecco* hasta las lunas llenas con tu calma a los pies, salíamos de allí alegres y sinuosos, con el corazón pesado y ligero por haber bebido demasiado, y tú nos llevabas a buen puerto. Una vida, en suma, es un *kolam* tamil, ponemos todo nuestro empeño en lograr una geometría armoniosa y un día, después del alba, el viento y las hormigas dispersan sus polvos, convirtiendo su fugacidad en la más poderosa de las bellezas. Todo eso será mejor que pudrirse bajo los hielos de la tierra.

Nos quedamos con tu collar, tu cartilla y un mechón de pelo. Forget no nos cobra nada, solo la parte que no le corresponde, es elegante, la muerte ya cuesta bastante, aunque nos daba igual pagar una fortuna. Hablando de elegancia, dice que tiene que ir a buscar algo en la otra habitación y nos deja solos. Es el último minuto que te veo. ¿O era esta mañana? ¿O era cuando te vi correr la última vez? Creo que me gustaría morir aquí de tristeza, pero para eso hace falta un corazón tan grande como el tuyo. Te miro diez veces para tratar de no acordarme nunca de ti así; a riesgo de perder más de la cuenta, me gustaría estar formado únicamente por lo que he decidido recordar, y, aunque sé que a la memoria no se le impone nada, me empeño en indicarle la buena dirección. Te aspiramos con grandes bocanadas, querría que tu olor quedase impregnado en mí para siempre. El olor es el lazo íntimo, cerrado a los demás. Nos vamos diciéndole «hasta la vista» al señor. Es así, con una puerta con timbre y una cortesía mecánica, como terminan las historias. Fuera, el mundo se obstina en dar vueltas y no me lo puedo creer.

Mathilde y yo estamos tentados de ir a emborracharnos hasta perder el sentido. Habría sido cobarde y vital. Pero volvemos a casa. Una necesidad de perros.

## 22

¿Y lo que sigue, mi Ubac? No tengo ni idea, pero lo presiento duro, extremo, ¿por qué tendría que distinguirse nuestro dolor del dolor universal?

Vendrá la añoranza. Feroz, orgánica, como estocadas en el vientre. A partir de esta noche, en esta casa demasiado grande, con techos demasiado altos, de la que se ha extraído el jugo y que va a resonar en el vacío. Suponía que iba a ser violento, pero lo será aún más. Habrá que tener aguante, esos dardos llegan, atacan y se clavan sin piedad, fingen que se van a otro hogar pero se esconden y reaparecen, arrogantes y obstinados, como si tuviéramos que pagar por haber gozado demasiado. Tendré que retorcerme, secarme, dejar que el cuerpo grite, será inútil resistir. No tomar pastillas, no hacer trampa; para estos dolores no hay medicina, no puede haberla, tiene que curarse uno mismo. Por la noche, desde esta noche, dormido por haber llorado demasiado, llegarán esos despertares en que, al menos durante tres dulces segundos, nos hemos olvidado y el cuerpo se calma. Y recaer. Espero esas heridas, las acecho, me agarro, ya pueden venir esas diablesas a desollarme, a chuparme la sangre, no las esquivaré, el amor es una idea que merece ser puesta a prueba. Y si alguien, en alguna parte, de pronto apenado por la situación de otro que no es él mismo, dice, o siquiera piensa, que gimoteo demasiado y debería fijarme en lo que pasa en Bangladesh le parto la cara. No servirá para nada salvo para extraer provisionalmente el dolor, transformándolo en una cólera próxima a la furia.

Vendrá el verano, cuyo animal abandonado seré yo.
Contaré los días, me diré ya, me diré solamente. No tendré ojos más que para lo triste y lo penoso. Adversidades por todas partes, todas más felices. Y la vergüenza insuperable de no haber estado a la altura.
Vendrá la desaparición de los ritos que, unos sobre otros, edificaban nuestra vida: el fondo de los yogures; los palitos de pan divididos en tres partes; el recibimiento que le hacías a la cartera; tu hocico, mi codo, el café derramado y cambiar de ropa; tener tus patas anteriores en los

hombros y preguntarte para qué quieres erguirte como nosotros; rellenar y vaciar tu contenedor para el pienso, escudilla tras escudilla; nuestras promesas secretas al acostarnos, dormir a tu lado, junto a la chimenea y con los postigos abiertos, verte soñar con correrías y combates; los despertares impacientes; secarte después de la lluvia, con tu cabeza entre mis piernas y el pantalón empapado; cómo te ponías en guardia al oír las llaves o la caja de tus galletas; agazaparnos, yo sentado, tú también, en el asiento de la furgoneta, mezclando nuestros sentimientos de paz, para mirar el mundo apresurado; haraganear, la cabeza en la sombra y el cuerpo al sol, apoyados en la pared, con las espaldas masajeadas por el alma de los constructores; ponerme de cuclillas para que tú corras y yo caiga de espaldas; tumbarnos en los pastos de alta montaña para dormir una siesta que iba a ser de cinco minutos y se alarga, despertarme envuelto en tu aliento. Dejar de vivir en el suelo y volver al nivel de los hombres, eso es lo que me propone lo que está por venir, interminable. Nuestros días solo eran eso, un alegre protocolo salpicado de imprevistos. ¿Cómo hace la gente para llenar los minutos con un nuevo material? Es así como restriega la ausencia, lejos de las ensoñaciones líricas sobre el amor y la muerte pero con una corteza de gruyere en la mano, desolado por no saber qué hacer con ella. ¿Te das cuenta del lugar que ocupabas a cada instante en cada uno de mis días? Estar ambos felices ocupaba todo mi tiempo, ¿qué voy a hacer con esta masa confiscada? Lo sabíamos, estaba escrito; el abismo, contaminando infinitamente nuestras existencias, sería sin fondo, pero ¿qué íbamos a hacer? ¿Contenernos? Cosíamos nuestras vidas. Recuerda, Jean, el abuelo de Mathilde, un tejedor de ojos maliciosos, decía que tú eras la trama y yo la urdimbre y que entre los dos hacíamos la más apretada de las telas. ¡Un tafetán!, decía, una armadura, que ahora se deshilacha por todas partes.

Cuando yo echaba un trago en una terraza y luego entraba a pagar, te observaba sin que me vieras; acechabas, fijabas la mirada en el último tramo de pared por donde yo había desaparecido y esperabas la reaparición, inquieto y confiado. Yo no alargaba demasiado la escena, pero me llenaba de fuerza. A partir de ahora solo haré eso: buscar por todas partes esos ojos que me buscaban por todas partes.

Vendrá, por lo tanto, el verte continuamente salir de cada cuarto, de cada portezuela y de cada noche, y oírte en cada roce hasta la alucinación. Vendrá el ver a Mathilde doblada de dolor, ella que siempre, pese a los equilibrios, se ha considerado secundaria para las cosas que te conciernen, hasta en las notas de la pena; recuérdame que cada noche le diga que su pena equivale a la mía.

Vendrá el buscar tus pelusas en los rincones de la casa y el aspirar el olor de tus colchas, bebiendo el dolor en su fuente y peleando con él a brazo partido.

Vendrá el maldecir a todos los seres vivos, hasta a aquellos cuyas vidas sostienen la mía, Cordée, Frison, los días de diluvio.

Vendrá el ser el último macho de la manada sin la ilusión de poder.

Vendrán esas nuevas algunas partes y esos nuevos cualesquiera y cada vez me preguntaré qué habrías hecho tú con ellos.

Vendrá el regresar al mundo árido de los sentimentalismos proscritos y aguantarme o rebelarme contra este mundo donde se refugian los cuerpos desconfiados.

Vendrá el no ver, en ninguna parte, más que un amor aproximado.

Vendrá el universo privado de tu brillo, y el preguntarme, alarmado: a partir de ahora ¿quién regulará el mundo?

Vendrá la certeza taladrante de que nuestra historia no es soluble ni fungible en el tiempo.

Vendrá, sin creer demasiado en ella, la esperanza de revivir.

Vendrá el sentarme solo en el suelo y esperar a que Cordée beba.

Rondarán también las negligencias conscientes y la

tentación de no hacer todo lo necesario para seguir viviendo. A fin de cuentas, si vivo menos, relativamente habremos pasado más días juntos. Cuando estuviera en lo alto del Peigne podría olvidar encordarme, podría pisar unas placas voladizas, no hacer caso de los carcinomas, no tanto para tentar a la suerte como para dejar que decida ella y ver lo que dice de mi lamentable falta de audacia para hacerlo yo mismo. Vendrá, sin chulería, la desaparición del miedo frente al vacío, los excesos y las contingencias, la aceptación de que todo eso cese. No volveré a temer nada, ni el ardor ni el hastío. Quemaré mi vida, sin importarme que se desbarate todo, o esperaré y no me quejaré de su lentitud. En ambos casos será una ofensa. ¿Cómo lograré morir si ya no estás tú? Pero, por más que me oponga, viviré, se afianzarán nuevos recuerdos y tú no estarás en ellos. De hoy y mañana lo sabía, pero de ayer no, y el ayer tampoco querrá más de ti.

Vendrán esos lugares vedados. Si es preciso, siempre daré un rodeo por el sendero, el valle o el planeta vecino, ¿cómo quieres que vuelva a pasar por los Champs para contar los nueve neveros, por la montaña de André para raspar el lavadero o por los Paradis des Praz para mojarnos las patas en el agua helada? Esas tierras que hemos hollado juntos, marcadas para siempre por tu paso, esa armonía maravillosa serían un infierno, lo invivible es volver a vivir. Así que debo cambiar de geografías, partir sin mirar nunca atrás o rezar para que esos lugares desaparezcan en la vorágine del mundo. Con los lugares a donde no has ido nunca sucederá como cuando, a mi regreso, estaba ansioso por verte y contarte. Pero tú estarás ausente en todas partes, lo mismo en los lugares del recuerdo que en los del desconocimiento. Tu partida me condena a huir con los ojos cerrados y tú no tienes la culpa.

Vendrá, como por ensalmo, el olvido de las obligaciones, de las tareas, de los turnos de guardia, del vendaje de las escaras, del suelo sucio de tu vejez, de tu torpeza, de tu inmovilidad que desde hacía meses sellaba la nuestra. Todo eso no sucedió. Tu última ofrenda, minutos y movimientos recuperados, no la quiero, solo hará que me sienta mal por el exceso de libertad, ¿quién lo quiere? Lo quise, hoy lo vendo. Y el Crédit Mutuel... ¿pasará de este verano ese banco cuyas arcas rellenábamos todos los días quince con fuertes intereses para curarte? Mi ira estéril querría que él también se fuera al carajo.

Te digo esto con la boca chica, perro mío, no vayas a pensar que has lastrado mi vida, la has aligerado muchísimo; la balanza está indefinidamente a tu favor. Pero sería indigno mentirte. Mi balanza no tiene ninguna precisión para la muerte, es tan perturbadora, no encuentro las palabras necesarias, ¿existen en realidad? Qué puedo decirte. Aunque no podía amarte más, aún no había acabado, ni mucho menos, de amarte.

## 23

Luego, un día, sin previo aviso, vendrán las lucecitas. En primavera, seguramente.

Antes, es impensable. Porque está el invierno, sus días cortos, lúgubres, que quitan las ganas de salir. Porque nunca es posible ahorrar tiempo para el regreso de las auroras claras. Pero un dulce día de mayo, en el lado de las solanas y sus prodigalidades, con no sé qué maniobra y aún menos queriendo, llegaré a pensar en ti de un modo apacible. Será por la efusión visible, las brisas en ascenso, las flores en flor, las abejas en reconquista, el cuerpo entonado, esos lugares de vida. En el espacio de una variación tu ausencia se habrá trocado en una suerte de sustancia pegada al cuerpo, melancólica y consoladora, caparazón de guata que envuelve, acompaña y protege. «Ya no estarás donde estabas, sino allí donde yo esté», escribió Victor Hugo; pobre, los recordatorios de defunción por lotes de diez han secuestrado sus preciosas palabras, pero la idea es esa: la ilusión hasta lo real de no estar ya separado de ti. Estarás a nuestro alrededor, sí, envolviendo nuestros días; con un pequeño esfuerzo podremos tocarte. Será posible hablarte sin gritar, empezaré a creer en la ayuda de los fantasmas, y tú, que nunca lo hiciste, me contestarás, de todos los ausentes serás el más vivaz. Me creía entregado a la tristeza pero me libraré de ella confusamente, alelado al ver que respiro de nuevo y descubriendo la impermanencia de todo, incluido el torpor. Los días buenos seré capaz de mirar tus fotos delante del cobertizo de Le Châtelet, tú posabas, rotundo, con el sol de cara, eres el único que conozco en el que se entrelazan tan fuerte, y siempre, la calma y la alerta. Podría visionar la película de treinta y siete segundos en la que saltas en la nieve fría de diciembre de 2007, con un futuro brillante. Seré capaz de mirar de frente al pasado, de recibir sin filtros todo lo que necesito para amarlo como es debido, porque es lo que resiste del presente y por eso le debo mucho. Creeré que te he conocido siempre. Lo más duro serán los sonidos grabados de tu voz cuando gruñías para fingir maldad, cuando aullabas a la alegría. Esos no podré oírlos, porque el sonido, más que la imagen, aviva en exceso la ilusión de las presencias.

En la naturaleza, donde vivíamos sin separarnos de ella, te veré en los rasgos de otro, en el ladrido de un cachorro nacido a mediados de julio, en el sobrevuelo del águila o los crujidos de un alerce. Tu espíritu estará allí, tu fuerza también. No cada vez, como todo aquello que se provoca sonaría falso, nunca por casualidad, pero de forma esporádica y significativa. Mis compañeros de cordada me sorprenderán cuchicheando a los cirros y a los hitos tambaleantes, pero no harán ningún comentario porque están ahí desde hace mucho y los seres de una misma cordada nunca la enredan con ningún juicio. Al contrario, se dirán que esa disponibilidad para con las piedras y las brumas señala los progresos y la audacia del futuro. Las lágrimas resbalarán por las mejillas más suaves, casi cálidas. Cordée sabrá beber sola.

Las martingalas del consuelo, hasta entonces inoperantes, empezarán a surtir efecto y vencerán el abatimiento. Vivir feliz como tú, cada día, no ser el que tú no habrías querido que fuera yo, este individuo obstinadamente taciturno desde julio, no convertir tu muerte (porque así sabré llamarla) en un fin en sí mismo, sino verte pasar, tan importante que te quedarás para siempre son los mantras que poco a poco cobrarán vida en mí, hasta crear el órgano para mejorar. En las empinadas pendientes del Mirantin, con la nieve hasta las rodillas, recordaré tu energía y saldré de allí por encima, en la cumbre soleada, en vez de dejarme sepultar por las sombras. Recobraré el aliento. En general, empresa vertiginosa, trataré de ponerme a tu altura. «Solo el tiempo», dicen las vendas,[17] es estúpidamente cierto, el tic y el tac miden y forjan al hombre mucho mejor de lo que él hará nunca con ellos. Algunos días funcionará muy bien y servirá para estar alegre, otras veces será un fracaso total agravado por mi culpabilidad por haber osado domar la tristeza.

De entrada se tratará de algo metódico, nos negaremos a desesperar de la vida, más disciplinados que convencidos. Será el tiempo de los días inciertos, negros o blancos, según los péndulos del alma. Luego será algo natural. Habrá que entrar con prudencia en esa vida; los días de tiempo espléndido y acompañados de seres risueños, peregrinaremos al bosque de Pellaz a buscar níscalos o al bar de Félicien para despertar aquellos recuerdos de los cafés a «cuatro cuarenta». Tocaremos los muros que tocaste, pisaremos los renadíos sobre cuyos antepasados te habías acostado. Hablaremos como viejos diciéndonos te acuerdas de cuando Ubac. Vaya si me acuerdo. He conocido esa vida. Igual nos reiremos de cuando te habías quedado atrapado entre dos fresnos con un palo en la boca, o de cuan-

17. La frase hecha completa es «solo el tiempo venda las heridas». (*N. del T.*).

do husmeabas bajo la falda de las mujeres, entre ellas la de la vecina que no te quería, y Jacqueline, que no decía nada. A veces recaeremos y regresaremos corriendo al foco de las lágrimas. Las noches malas te veré como un perro errante, solo y sucio en las calles oscuras de Maramureş, con la mirada baja y huyendo del hombre indiferente. Pero en conjunto progresaremos, los recuerdos gratos se irán asentando y vivir bien estará a nuestro alcance. A veces volveré a soñar, oh, sueños breves, de los que no entristecen los despertares. No nos acostumbraremos al dolor, llegaremos a un acuerdo, ya es algo.

Trataremos sobre todo con las personas que querías, pero, como querías a todos, nos centraremos en los que hablen de ti con justicia y también te querían, sobre todo Jako. En cuanto a los demás, si no entendieron cuánto llenaba tu presencia, qué cabe esperar de su sensibilidad ante tu ausencia, allá ellos.

Volveremos a disfrutar otra vez, a coger los madroños de Bavella con las dos manos, el apio caballar de Saint-Clément con dedos finos, a decir sí a las fiestas, a recorrer las frías cañadas de Planpincieux, a bailar en la playa hasta el regreso de los pescadores, a morder vorazmente los *strukli* de Liubliana, a enroscar las térmicas azules, a trepar por las chimeneas de granito, a levantar el Valpo[18] cerca,

18. Marca de un vino italiano de Valpolicella. *(N. del T.).*

muy cerca de Sylvain, Jean-Mi, Soph, Seb y los demás, a reírnos con las meteduras de pata de uno, a preocuparnos más o menos de las tribulaciones del otro, a tirar la pelota a la pesada de Cordée, a correr detrás de la flaca Frison, a quererlas por ser ellas, a despotricar alegremente de la estupidez de los hombres que hablan alto y conducen deprisa, a mirar tiernamente a mis padres envejecer, a mover las caderas con Compay, a caminar por el bosque, a leer a Thoreau que celebra a los seres caminando por el bosque, y a entrecerrar los ojos de risa. Seguiremos así, con perseverancia, hasta los peldaños recuperados de la inocencia, estaremos de nuevo disponibles, infinitamente, para las bellezas del mundo, nos concederemos el sol y el silencio de los horizontes, nos engancharemos a todo lo que brilla, incluso haremos planes, diremos sí a la vida. La felicidad es inenarrable, puede que solo sea una vacancia de la pena.

Los rehuía con la mirada, volveré a ser capaz de descubrirlos en todas partes, a mil metros agazapados color roca, en la acera de enfrente, posados sobre unas piernas felices, con la cabeza en el balcón o su estela en el lago. Los perros. Para lo que se ama se desarrolla una agudeza de rapaz, la tenía guardada, la volveré a usar. Oleré su presencia, nuestras miradas se atraparán, sabré hacer o aplazar, hablarles o callarme, tender la mano o agacharme. Como un sentido reconciliado. Y a los desconocidos que busquen un abrazo no les diré que no, al fin y al cabo no han hecho nada malo. Les tocaré por los dos, quizá alguno de ellos traiga una misiva.

A ratos te olvidaré. No, no es el olvido del que se habla, no es de él del que se sacan fuerzas para seguir, pero tú, con elegancia y sin dar portazo, te ausentarás de mis pensamientos. Solo unos segundos las primeras veces, con el movimiento, la muchedumbre, la claridad o una charla insustancial como ayuda. Luego horas, incluso noches sin hacer nada, incluso en silencio. Resurgirás en esos pensamientos suavemente o con violencia, según el humor de los días. En suma, volveremos a ser compañeros, nos veremos en la justa medida, cuando nos parezca y dejando que el otro respire.

Pero habrá claros retrocesos. En ciertos momentos y en lugares inconvenientes, sin avisar, ríos en las mejillas, canta Souchon; serán crecidas gigantescas de no haber llorado una semana y avanzarán imparables haciendo creer en la reanudación viva, plena y vengadora de las mordeduras, por qué no, al fin y al cabo. Las recibiré con gusto, que me destrocen otra vez; déjalo, decía el abuelo Lulu, la vida es un vals. Sucederá en medio de la clase de baile de los de sexto B con una infame música americana, cualquiera sabe. Sucederá en un lugar tan nuevo y tan bonito pero tan sin ti, cualquiera sabe. Luego se calmarán.

Se espaciarán. Hasta que se llega a temer su desaparición. ¿Quién no ha sentido la angustia de que la ausencia se ausente? Algunos días, conjurando el miedo al olvido, atizaré la tristeza, implorando *Orion*, las seis notas de *Alter Ego*[19] o alguna otra lacrimógena. Y cambiaré de parecer ante tanta indecencia. Mis allegados me dirán parece que estás mejor y en ocasiones lo admitiré. Tender hacia los días luminosos, los hombres de Iglesia y los médicos lo llaman duelo; es, según, una celebración maravillosa de la vida o un egoísmo despreciable. Hay que dejarlo llegar y hacer, no negarse a él, verlo como un tránsito del que uno no se libra sin un poco de convicción. Si no se pasa por él no hay futuro; algunas comunidades de lo más resueltas abrigan la noble idea de un sufrimiento perpetuo, pero, por esencia, un sufrimiento verdadero no es duradero. Mata, se reduce o se transforma. Tú, de todo esto, de estos estados de ánimo de hombre educado en la duda constante y con miedo a ser feliz, espero que te burles, a lo mejor estás jugando con Pirate, Tchoumi y los otros cachorros inútiles a saltar de árbol en alma, de cuerpo en cuerpo. No sé de qué materia estás hecho ahora, debe de ser sólida y de vapor, sea cual sea sé que velas por nosotros, esa convicción tonta que ayer me exasperaba.

19. Canciones de Metallica y Jean-Louis Aubert, respectivamente. (*N. del T.*).

Así, de recalmones en escampadas, Mathilde, Cordée, Frison y yo habremos completado un año en soledad. Habremos afrontado catorces de abril, catorces de septiembre, bramas del ciervo, cumpleaños de Simone, primeras nieves, esos días como los demás pero que imaginamos especiales, en los que sabemos muy bien quién ha muerto y acabamos temiéndolos tanto como los hemos deseado. No se merecen nada esos malditos días, ni que se baile en ellos, ni que se llore, ni que se cambie el agua de las flores. Lo único que merecen es ser tratados como los demás. Pero, por mucho que gesticulemos para desdeñarlas, las efemérides asaltan fielmente. De modo que el primer 13 de julio huiremos de los artificios, iremos a la montaña, donde se puede gritar sin molestar y llorar ríos; las cumbres cercanas pensarán que es un triunfo. Los siguientes, ya veremos. Quién sabe si uno de los veranos que vienen pasaremos el trece sin dificultad, porque ahí estará también, sí, seductora, la indescriptible esperanza de que ya no nos importe.

# 24

En mitad de este tiempo que pasa, una clara mañana de otoño, iré al Pas d'Outray.

El otoño te gustaba, lo sé, era una estación para ti. Empezaba a hacer frío, tú buscabas menos la sombra, íbamos menos al monte, más pronto a casa y tus volteretas en las hojas anunciaban tus cristianías en la nieve. El 4 de octubre te compramos una caja llena de guarrerías que apestaron en tu boca durante dos días, nosotros nos tapábamos la nariz y tú nos dabas aún más lametones.

El Pas d'Outray te gustaba. Para llegar allí pasábamos por delante de Les Croës, doble fila y el *financier praliné* de Cyril. Al principio lo cortábamos en tres pedazos, luego en cuatro y al final en cinco, de modo que comprábamos uno más. En Plan du Mont había corzos que coceaban, achispados por haber comido bayas fermentadas. En el bosque oscuro de ruidos mágicos tú ibas de explorador, saludabas a los espectros y luego Hauteluce reponía el día. Después del canchal de las marmotas que te rompía las patas volvías a encontrar la hierba rasa del Pas, rodabas por ella como un tentetieso y corrías al pilón de agua fresca. Los pellejos de salchichón que dejaban los cazadores de Trois Moineaux, donde todo está asado y nada está caliente, desaparecían en un visto y no visto. Los días de infinito seguíamos por terreno llano hasta el Lac Noir, donde confirmabas, por si no estaba claro, tu alergia al agua por encima de las rodillas. Nos sentábamos en sus orillas, respirábamos y mirábamos, parecen sencillos esos momentos, casi regalados, pero no se puede disfrutar de ellos sin toda una vida dentro, en realidad se conquistan. Algunos días volvíamos a casa de noche, con el Mont Blanc rosa a la espalda, felices de cansancio y soledad. Ese de allá arriba es un hermoso lugar al que dan ganas de volver para la vuelta al mundo.

De modo que iré allá arriba para aprovechar al máximo esos momentos tan necesarios de soledad. La vegetación será verde o roja, según las hojas o las espinas, el cielo será de un azul exuberante y las cumbres más altas estarán espolvoreadas de un blanco reciente urdidor del invierno. El catabático hará tiritar en los bosques, más arriba estará la inversión que vuelve a poner los gorros y sume Beaufort en la niebla. Está bien el otoño, puede hacer calor pero sin sudar y la luz está bien medida. Estaría bien el otoño siempre, pero entonces ya no lo esperaríamos. El primer rebeco que se deje entrever se te parecerá mucho, nos saludaremos con la pata. Prolongaré el bucle para pasar más tiempo con tu recuerdo. Iré a Les Enclaves y hasta las orillas del lago, detrás de la roca de cabeza de camello, me echaré agua en la cara, esa agua negra que has lamido, y me miraré en su reflejo.


Y allí, ¿sabes lo que veré? Un hombre feliz. Consciente de su herencia y de la fabulosa inflexión de su existencia. Un hombre feliz y nada molesto por serlo.

Será gracias a ti, Ubac, y a esas dos cosas pequeñas que has puesto en mi vida, esos regalos que se dejan en una esquina de la mesa, escondidos y sin ostentación. Una pila y una llave. Esos objetos minúsculos no son nada, pero pueden ayudar a no decaer.

Habías nacido para el amor, un amor sutil, ni ciego ni cautivo, y me injertaste bajo la piel un nosequé eléctrico que estimula el corazón y lo vigila. Te he visto vivir y tu percepción del mundo se ha difundido hasta mí. No has acompañado su llegada, es otra cosa, la has generado, me has equipado con eso, de no ser por ti yo habría pasado de largo. Tú me demostraste que hay que atreverse al amor, al amor atmosférico, al amor brillante, siempre, no titubear, no esperar algo a cambio ni ceder a la idea de que da menos de lo que cuesta. Ajusto esta verdad a mi vida de hombre pero cada día me la impongo, no con un mimetismo idólatra, sino como una forma de ser un fruto, pese a las recaídas, del orden natural. «¿Y si se enseñara el amor?», me dijo un día un compañero de trabajo desencantado por la frialdad académica. Otro le contestó que esas cosas no se enseñan; podría objetarle que, al menos, se aprenden.

La otra cosa pequeña que deforma mis bolsillos es una llavecita, forjada, mate, con un paletón que parece un reflejo de las Tre Cime, la llave de una puerta que abro una y otra vez, siempre que el mundo de los hombres me vapulea demasiado. Ya nos encontremos en la algarabía de una comilona, el vocerío de los bravos, el eco de las barriadas o la oficina gris de alguien importante, esa puerta siempre está ahí, abierta a uno mismo y oculta a los demás. Para abrirla no hay que inyectarse nada, basta con la señal de una inspiración o un parpadeo. Se abre a una callejuela paralela y a un refugio de madera donde se habla a las nubes, a los zorreznos y a los seres invisibles. Es un lugar más denso y más ligero, de sabiduría y de locura, de resistencia y de abandono, una fortaleza sin muros y sin moral. Se entra cuando hace falta, allí se está bien desde el principio, se disfruta de una vida discretamente impetuosa, es posible, durante un minuto o varios días, apartarse del mundo, se despoja uno de casi todo lo superfluo, se llena el depósito, el pulso baja y el alma sube. Es vivificante, muy adictivo, y nadie se da cuenta de que te has ido. Allí hay pocos hombres, pero muchos otros seres vivos. Se vuelve de esta trastienda en un estado maravilloso, listos para enfrentarse de nuevo a los vértigos, hospitalarios con lo bello, lo bueno y lo supremamente exigente. La vida —que no ha cambiado tanto— se ve como a través del agua clara; todo es un poco turbio, pero profundamente límpido, y si, más allá de uno mismo, lo esencial se pone en entredicho, entonces se sabrá con precisión qué guijarro coger. Tú me has enseñado esos puentes, de no ser por ti yo no habría ido nunca a mirar al otro lado del día, y, aunque solo pretendo tímidamente ser de este universo más vasto, visitarlo aquí y allá infunde una belleza lúcida y serena por doquier. A veces, en el mundo oficial, aquel donde se ha nacido, el tangible, el de los planos, la piel y las pruebas —que puede ser un mundo bonito—, me tropiezo con personas cuyos ojos me dicen que también ellos conocen este territorio mágico, en la frontera y sin aduanas, donde la única virtualidad que vale es la de estar a la escucha de lo que se nos escapa, esas cosas que no existen realmente y nos hacen hombres en su sencilla y honorable dimensión. Estas personas parecen estar en su sitio; caminan con un paso que roza el suelo, su pupila es la de los viajeros que en cualquier momento pueden desvanecerse. Cuando nos cruzamos sonreímos, con cara de decir «aleluya» y «calla».

Cuanto más avanzamos, más me pregunto por qué el hombre tiene tanta necesidad de pitidos y artilugios para aumentar la realidad. Cuanto más avanzamos, me pregunto cuál, de estos dos mundos, es el verdadero.

Cuando uno tiene eso consigo, perro mío, una pila, una llave, la vida puede durar, sin caer nunca en la postración. Habrías podido encogerla y la has desplegado, no entraste en ella por casualidad, había algo urgente en ello. Extraño baile de apoyos: tú, el cuadrúpedo, me has mantenido en pie. Por esas facultades y por lo que aún me queda por descubrir de las huellas de tu paso, te doy las gracias, ¿qué otra palabra podía ser? Hace poco, en una sala de demasiada espera, leí un buen artículo sobre algo que casi ha desaparecido, la iluminación, ese arte de adornar los relatos. De un material menos brillante que el oro, es lo que tú has hecho y sigues haciendo: embelleces mi pequeña historia con pinceladas elegantes. Nuestra vida en común merece algo mejor que encontrar palabras bonitas, pero «iluminador» te viene que ni pintado.


Luego volveré al Pas d'Outray. Las ovejas habrán bajado, beberé sin temor el agua del arroyo. Esperaré a que un viento del sur nutra la pendiente de las ciudades, hincharé mi vela y regresaré entre los cernícalos. El tiempo será ligero, entraré en nuestra casa, la vida apestará a amor como tu boca un 4 de octubre.

En la casa, bajo el escritorio de Lulu, estará el globo. El de tu aire. Se habrá hinchado más. No porque alrededor la vida se haya depreciado, sino porque desde el interior, obstinado, tu aliento no ha dejado de animarlo.

Como cada vez, me entrarán ganas de soltar el nudo, liberarlo, ventilarme la cara y aspirarte. Pero seguiré esperando.

A que lo más posible de ti persista.

«Para viajar lejos no hay mejor nave que un libro».

EMILY DICKINSON

# Gracias por tu lectura de este libro.

En **penguinlibros.club** encontrarás las mejores
recomendaciones de lectura.

Únete a nuestra comunidad y viaja con nosotros.

**penguinlibros.club**